빠작 어휘 퀴즈

다음 자음자와 힌트를 보고, 문장을 완성해 보세요.

01 이 그림책의 ㅈㅈ 는 친구와 사이좋게 지내야 한다는 것이다.

힌트 [한자어] 예술 작품에서 지은이가 나타내고자 하는 기본적인 생각.

02 어제 본 영화의 ㅈㅇㄱ 은 일곱 살 소녀였다.

힌트 [한자어] 연극, 영화, 소설 따위에서 사건의 중심이 되는 인물.

03 남의 ㅁㄱ 을 훔치면 안 된다.

힌트 [한자어] 사람이 쓰려고 만든, 일정한 모양이 있는 온갖 것.

04 동물원에서 많은 ㄷㅁ 을 보았다.

힌트 [한자어] 짐승·새·벌레·물고기 등의 생물.

05 나의 ㄱㄱ 는 대한민국입니다.

힌트 [한자어] 일정한 땅과 거기에 사는 국민과 그들을 다스리는 하나의 조직을 가진 집단.

06 태극기는 우리나라의 ㄱㄱ 입니다.

힌트 [한자어] 한 나라를 나타내는 깃발.

정답 01 주제 02 주인공 03 물건 04 동물 05 국가 06 국기

07 나는 ▢ ▢ 저녁마다 일기를 쓴다.

힌트 [한자어] 그날그날. 날마다.

08 지연이는 학교에 갈 때마다 ▢ ▢ 우리 집에 들러 나와 함께 학교에 간다.

힌트 [한자어] 매 때마다.

09 우리 형은 올해 중학교에 ▢ ▢ 한다.

힌트 [한자어] 학생이 되어 공부하기 위해 학교에 들어감.

10 놀이동산에 들어가는 ▢ ▢ 에서 친구를 만났다.

힌트 [한자어] 들어가는 통로.

11 ▢ ▢ 들이 교실에서 수업을 듣고 있다.

힌트 [한자어] 학교에 다니면서 공부하는 사람.

12 나는 올해 초등 ▢ ▢ 에 입학했다.

힌트 [한자어] 학생을 가르치는 공공의 교육 기관, 또는 그 장소로 쓰이는 건물.

13 그 책은 ▢ ▢ 한 임금을 꾸짖는 내용이다.

힌트 [한자어] 어떤 일을 해결하는 능력이 없음.

14 도서관은 ▢ ▢ 로 책을 빌려주는 곳이다.

힌트 [한자어] 요금이 없음.

정답 07 매일 08 매번 09 입학 10 입구 11 학생 12 학교 13 무능 14 무료

15 복숭아의 썩은 [ㅂ][ㅂ]을 칼로 잘라 내었다.

힌트 **[한자어]** 전체를 이루는 작은 범위. 또는 전체를 몇 개로 나눈 것의 하나.

16 아버지는 자동차의 낡은 [ㅂ][ㅍ]을 새로운 것으로 바꾸셨다.

힌트 **[한자어]** 기계 따위의 어떤 부분에 쓰는 물품.

17 화장실에서 나는 냄새 때문에 [ㅂ][ㅋ]해졌다.

힌트 **[한자어]** 못마땅하여 기분이 좋지 아니함.

18 형은 잠이 [ㅂ][ㅈ]했는지 계속 하품을 했다.

힌트 **[한자어]** 필요한 양이나 기준에 미치지 못해 충분하지 아니함.

19 월드컵 대회가 가까워 오자 온 국민의 [ㄱ][ㅅ]이 축구에 쏠렸다.

힌트 **[한자어]** 어떤 것에 마음이 끌려 주의를 기울임. 또는 그런 마음이나 주의.

20 놀부는 흥부에게 온갖 못된 [ㅅ][ㅅ]을 부렸다.

힌트 **[한자어]** 온당하지 아니하게 고집을 부리는 마음.

21 [ㅎ][ㅅ]을 입으면 상처 난 곳을 빨리 찬물에 담가야 한다.

힌트 **[한자어]** 불이나 뜨거운 열이나 약품에 데어서 생긴 상처.

22 가정에도 [ㅎ][ㅈ]에 대비하여 소화기를 두어야 한다.

힌트 **[한자어]** 불이 나는 재앙. 또는 불로 인한 재난.

정답 15 부분 16 부품 17 불쾌 18 부족 19 관심 20 심술 21 화상 22 화재

23 ⬜⬜(ㄴ ㄷ) 식품은 오랫동안 두고 먹을 수 있다.

힌트 **[한자어]** 생선이나 고기 등을 상하지 않게 저장하기 위해 얼리는 것.

24 날씨가 덥다고 ⬜⬜(ㄴ ㅅ)를 많이 마시면 배탈이 나기 쉽다.

힌트 **[한자어]** 차가운 물.

25 우리 ⬜⬜(ㄱ ㅈ)은 부산에 살다가 작년에 서울로 이사 왔다.

힌트 **[한자어]** 한곳에 모여 사는 부모와 그 자식들.

26 할머니는 마당에서 닭, 오리, 개 등의 ⬜⬜(ㄱ ㅊ)을 키우신다.

힌트 **[한자어]** (소·돼지·개처럼) 사람이 집에서 기르는 짐승.

27 매일 수영 연습을 열심히 한 ⬜⬜(ㄱ ㄱ)로 자유형을 잘할 수 있게 되었다.

힌트 **[한자어]** 어떤 원인으로 결말이 생김. 또는 그런 결말의 상태.

28 우리 부모님께서는 ⬜⬜(ㄱ ㅎ)하신 지 올해로 10주년이 되었다.

힌트 **[한자어]** 남자와 여자가 정식으로 부부가 되는 것.

29 나는 ⬜⬜(ㅊ ㄱ)는 작지만, 힘은 세다.

힌트 **[한자어]** 몸의 크기.

30 지호는 동물원에서 양에게 먹이 주기 ⬜⬜(ㅊ ㅎ)을 했다.

힌트 **[한자어]** 직접 겪은 일.

정답 23 냉동 24 냉수 25 가족 26 가축 27 결과 28 결혼 29 체구 30 체험

31 교실의 ⬜ㅇ ⬜ㄷ 가 높아서 에어컨을 켰다.

힌트 [한자어] 덥거나 찬 정도. 또는 그 정도를 나타내는 숫자.

32 날씨가 추워서 따뜻한 ⬜ㅇ ⬜ㄷ 방에 이불을 깔고 누웠다.

힌트 [한자어] 불을 때거나 더운물·전기 등으로 바닥을 덥게 한 방. 또는 그런 장치.

33 젖소들이 ⬜ㅊ ⬜ㅇ 에서 풀을 뜯고 있다.

힌트 [한자어] 풀이 나 있는 들판.

34 코끼리의 이빨은 ⬜ㅊ ⬜ㅅ 을 하기에 알맞은 모양이다.

힌트 [한자어] (짐승이) 풀만 먹는 것.

35 나는 소원이 이루어지기를 간절히 ⬜ㅅ ⬜ㅁ 했다.

힌트 [한자어] 바라는 것. 또는 희망하는 것.

36 사람이 많아도 그 일을 할 수 있는 사람이 없으면 아무 ⬜ㅅ ⬜ㅇ 이 없다.

힌트 [한자어] 이익이나 쓸모가 있는 것.

37 준호는 수업 시간에 자신의 장래 희망에 대해 ⬜ㅂ ⬜ㅍ 했다.

힌트 [한자어] 어떤 사실이나 결과, 작품 따위를 세상에 널리 드러내어 알림.

38 라이트 형제는 끊임없는 노력 끝에 비행기를 ⬜ㅂ ⬜ㅁ 했다.

힌트 [한자어] 아직까지 없던 기술이나 물건을 새로 생각하여 만들어 냄.

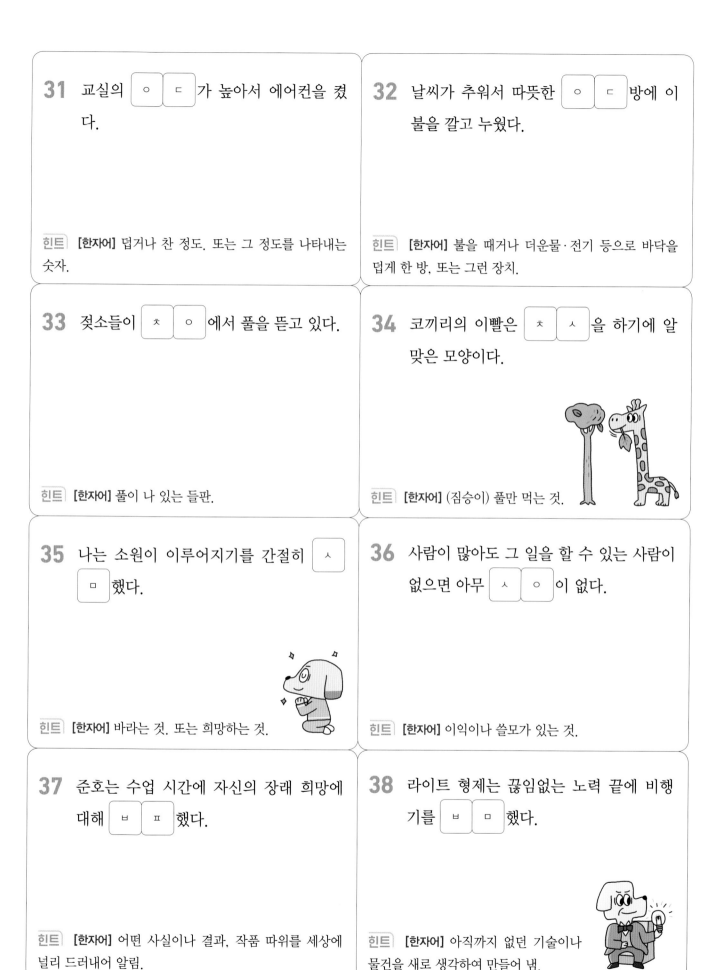

정답 31 온도 32 온돌 33 초원 34 초식 35 소망 36 소용 37 발표 38 발명

39 유관순 이야기는 ⬚ㅎ ⬚ㅅ 들에게 나라를 사랑하는 마음을 가르쳐 준다.

힌트 **[한자어]** 자신의 세대에서 여러 세대가 지난 뒤의 자녀를 통틀어 이르는 말.

40 우리 가족은 한 달에 한 번 형편이 어려운 이웃들을 ⬚ㅎ ⬚ㅇ 하고 있다.

힌트 **[한자어]** 어떤 사람이나 일을 뒤에서 도와주는 것.

41 태권도 학원을 겨우 한 달 다니고 3년이나 다닌 나에게 대결 신청을 하다니 하룻강아지 ⬚ㅂ 무서운 줄 모르는구나.

힌트 **[속담]** 철없이 함부로 덤비는 경우를 비유적으로 이르는 말.

42 아침에 일찍 일어났더니 기분도 상쾌하고 아버지께서 용돈도 주셔서 ⬚ㄲ 먹고 알 먹는 셈이다.

힌트 **[속담]** 한 가지 일을 하여 두 가지 이상의 이익을 보게 됨을 비유적으로 이르는 말.

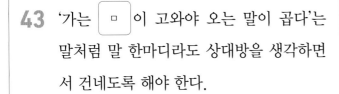

43 '가는 ⬚ㅁ 이 고와야 오는 말이 곱다'는 말처럼 말 한마디라도 상대방을 생각하면서 건네도록 해야 한다.

힌트 **[속담]** 자기가 남에게 말이나 행동을 좋게 하여야 남도 자기에게 좋게 한다는 말.

44 말 한마디에 천 냥 ⬚ㅂ 도 갚는다더니, 친구의 진심 어린 사과가 화났던 내 마음을 모두 녹여 버렸다.

힌트 **[속담]** 말만 잘하면 어려운 일이나 불가능해 보이는 일도 해결할 수 있다는 말.

45 쉽게 설명했는데도 하나도 알아듣지 못하다니 쇠귀에 ⬚ㄱ 읽기 같아.

힌트 **[속담]** 아무리 가르치고 일러 주어도 알아듣지 못하거나 효과가 없는 경우를 이르는 말.

46 시험에 떨어지고 난 후에야 공부를 시작하다니 ⬚ㅅ 잃고 외양간 고치는 일이야.

힌트 **[속담]** 일이 이미 잘못된 뒤에는 손을 써도 소용이 없음을 비꼬는 말.

정답 39 후손 40 후원 41 범 42 꿩 43 말 44 빚 45 경 46 소

47 ㅎㄴ은 스스로 돕는 자를 돕는다고, 아버지를 정성껏 간호하며 매일 아버지가 건강하시길 빌었더니 아버지의 병이 다 나았다.

힌트 [속담] 어떤 일을 이루기 위해서는 자신의 노력이 중요함을 이르는 말.

48 티끌 모아 ㅌㅅ이라고, 동전이 생길 때마다 저금통에 하나씩 넣었더니 어느새 가득 찼다.

힌트 [속담] 아무리 작은 것이라도 모이고 모이면 나중에 큰 덩어리가 됨을 비유적으로 이르는 말.

49 현석이와 경준이의 축구 실력은 서로 비슷해서 도토리 ㅋ 재기이다.

힌트 [속담] 정도가 고만고만한 사람끼리 서로 다툼을 이르는 말.

50 길고 ㅉㅇ 것은 대어 보아야 안다고, 누가 더 빨리 달리는지 직접 겨루어 보자.

힌트 [속담] 크고 작고, 이기고 지고, 잘하고 못하는 것은 실제로 겨루어 보거나 겪어 보아야 알 수 있다는 말.

51 ㄱㄹ 싸움에 새우 등 터진다더니, 엄마랑 언니가 싸우고 그 화풀이를 모두 나에게 했다.

힌트 [속담] 강한 자들끼리 싸우는 통에 아무 상관도 없는 약한 자가 중간에 끼어 피해를 입게 됨을 비유적으로 이르는 말.

52 믿는 ㄷㄲ에 발등 찍힌다고, 애지중지 기르던 강아지에게 손가락을 물렸다.

힌트 [속담] 잘되리라고 믿고 있던 일이 어긋나거나 믿고 있던 사람이 배반하여 오히려 해를 입음을 비유적으로 이르는 말.

53 ㅇㅁ이 맑아야 아랫물이 맑듯이, 언니인 내가 동생에게 모범을 보이는 행동을 해야 동생도 바른 행동을 따라 하게 된다.

힌트 [속담] 윗사람이 잘하면 아랫사람도 따라서 잘하게 된다는 말.

54 콩 심은 데 ㅋ 나고 팥 심은 데 팥 난다고, 공부를 열심히 하더니 좋은 성적을 거두었구나.

힌트 [속담] 모든 일은 근본에 따라 거기에 걸맞은 결과가 나타나는 것임을 비유적으로 이르는 말.

정답 47 하늘 48 태산 49 키 50 짧은 51 고래 52 도끼 53 윗물 54 콩

55 경민이는 ⬚ㄴ⬚ 에 띄게 활발한 친구이다.

힌트 [관용어] 두드러지게 드러나다.

56 지윤이는 친구들이 모두 놀랄 만큼 큰 소리가 났는데도 눈도 ⬚ㄱ⬚ ⬚ㅉ⬚ 안 했다.

힌트 [관용어] 조금도 놀라지 않고 태연하다.

57 달리기 시합에서 꼴등을 했다고 기죽지 말고 ⬚ㄱ⬚ ⬚ㅅ⬚ 을 펴고 다니렴.

힌트 [관용어] 굽힐 것 없이 당당하다.

58 할아버지의 소중한 말씀을 ⬚ㄱ⬚ ⬚ㅅ⬚ 에 새기도록 해야겠다.

힌트 [관용어] 잊지 않게 단단히 마음에 기억하다.

59 교실을 깨끗하게 하기 위해 반 친구들 모두 ⬚ㅂ⬚ 벗고 나서서 청소를 했다.

힌트 [관용어] 적극적으로 나서다.

60 석현이는 ⬚ㅂ⬚ 이 넓어 모든 반에 친구가 있다.

힌트 [관용어] 사귀어 아는 사람이 많아 활동하는 범위가 넓다.

61 할머니께 편식하지 말라는 말을 귀에 ⬚ㅁ⬚ 이 박히도록 들었다.

힌트 [관용어] 같은 말을 여러 번 듣다.

62 ⬚ㄱ⬚ 가 얇은 보경이는 친구의 말만 듣고 쓸데없는 장난감을 샀다.

힌트 [관용어] 남의 말을 쉽게 받아들인다.

정답 55 눈 56 깜짝 57 가슴 58 가슴 59 발 60 발 61 못 62 귀

빠작 초등 국어 어휘×독해 **무료 스마트러닝**

첫째 QR코드 스캔하여 1초 만에 바로 강의 시청

둘째 최적화된 강의 커리큘럼으로 학습 효과 UP!

어휘·어법 강의
- 핵심어의 뜻과 쓰임을 통한 어휘 학습법 강의 제공
- 핵심어의 한자와 주제로 연계되는 확장 어휘 학습 강의 제공

빠작 초등 국어 어휘×독해 1단계 **학습 계획표**

학습 계획표를 따라 차근차근 어휘 학습을 시작해 보세요.
빠작과 함께라면 어휘, 어렵지 않습니다.

어휘·어법	학습한 날		교재 쪽수	어휘·어법	학습한 날		교재 쪽수
주제	1일차	월 일	012 ~ 015쪽	발명	19일차	월 일	084 ~ 087쪽
동물	2일차	월 일	016 ~ 019쪽	후손	20일차	월 일	088 ~ 091쪽
국가	3일차	월 일	020 ~ 023쪽	꿩 먹고 알 먹는다	21일차	월 일	094 ~ 097쪽
매일	4일차	월 일	024 ~ 027쪽	가는 말이 고와야 오는 말이 곱다	22일차	월 일	098 ~ 101쪽
입구	5일차	월 일	028 ~ 031쪽	소 잃고 외양간 고친다	23일차	월 일	102 ~ 105쪽
학생	6일차	월 일	032 ~ 035쪽	하늘은 스스로 돕는 자를 돕는다	24일차	월 일	106 ~ 109쪽
무료	7일차	월 일	036 ~ 039쪽	길고 짧은 것은 대어 보아야 안다	25일차	월 일	110 ~ 113쪽
부분	8일차	월 일	040 ~ 043쪽	고래 싸움에 새우 등 터진다	26일차	월 일	114 ~ 117쪽
부족	9일차	월 일	044 ~ 047쪽	콩 심은 데 콩 나고 팥 심은 데 팥 난다	27일차	월 일	118 ~ 121쪽
관심	10일차	월 일	048 ~ 051쪽	눈에 띄다	28일차	월 일	124 ~ 127쪽
화재	11일차	월 일	052 ~ 055쪽	가슴에 새기다	29일차	월 일	128 ~ 131쪽
냉동	12일차	월 일	056 ~ 059쪽	발 벗고 나서다	30일차	월 일	132 ~ 135쪽
가축	13일차	월 일	060 ~ 063쪽	귀가 얇다	31일차	월 일	136 ~ 139쪽
결과	14일차	월 일	064 ~ 067쪽	자음자와 모음자	32일차	월 일	142 ~ 145쪽
체험	15일차	월 일	068 ~ 071쪽	받침소리	33일차	월 일	146 ~ 149쪽
온도	16일차	월 일	072 ~ 075쪽	문장의 시간 표현	34일차	월 일	150 ~ 153쪽
초식	17일차	월 일	076 ~ 079쪽	문장 부호	35일차	월 일	154 ~ 157쪽
소망	18일차	월 일	080 ~ 083쪽				

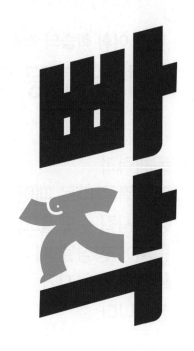

초등 국어

어휘 x 독해

1 단계
1·2학년

바른 어휘 학습의 빠른 시작,

『빠작 초등 국어 어휘×독해』를 추천합니다

독해력과
어휘력은 따로 떼어
성장시킬 수도 없고,
동시에 향상될 때
확실한 시너지가
생깁니다.

국어 공부를 '공부'라고만 생각하지 않게 해줄 수 있는 책입니다. 재미있게 접근하여 국어를 우리 아이에게 스며들게 해줄 수 있는 책. 꾸준히 차근차근, 탄탄하게 실력을 향상시켜 줄 책이라 추천합니다. 이 책은 기존에 출간된 많은 독해 교재와 어휘 교재들이 채워주지 못했던 독해와 어휘의 균형을 잡아준 교재라 생각합니다. **수능까지 이어지는 독해의 기초를 연관 어휘 공부로 확장해서 단단하게 잡아줄 수 있다는 점이 아주 큰 장점입니다.** 『빠작 초등 국어 어휘×독해』로 공부하면서 아이들은 올바른 국어 독해 공부 방법을 스스로 깨닫게 될 것 같습니다.

김소희 원장 | 한올국어학원

문해력 향상부터
독서와 논술,
나아가 내신 국어와
수능까지 이어지는
국어 학습의 핵심은
단연코 어휘와
독해입니다.

『빠작 초등 국어 어휘×독해』는 어휘와 독해를 유기적으로 연결한 동시에 수준 높은 문제를 출제하여 학습 효과가 탁월합니다. 그리고 독해 파트의 문제들이 어휘 학습의 문제의식을 자극하고, 다양한 방식으로 어휘 학습을 하도록 이어져 자연스럽게 어휘들이 이해되고 오래 기억할 수 있는 효과를 가져다 줍니다. 마지막으로 한자어 학습에 신경 쓴 점도 돋보입니다. 어휘와 독해가 중요하다는 것은 누구나 알지만 그것을 하나의 학습 교재로 풀어내는 일은 쉽게 엄두를 내지 못합니다. 『빠작 초등 국어 어휘×독해』를 공부해야 할 이유입니다.

최성호 원장 | 에이프로아카데미

이 책을 검토하신 선생님					
강다연	명원초등학교	**박연미**	임팩트학원	**이지은**	이지국어논술학원
강명자	마산고운초등학교 외	**배성현**	국어논술자신감	**장화연**	주니어솔로몬
강행림	수풀림 학원	**신민영**	줄기글방독서토론논술교습소	**장희원**	부민초등학교 외
고갱화	에반이즈사고력학원	**심억식**	천지인학원	**전수경**	라온누리독서논술
김미소	메이트국영수학원	**안소연**	안선생 국어논술	**정다운**	정다운국어논술학원
김소희	한올국어학원	**유숙원**	정원국어학원	**최성호**	에이프로아카데미
김종덕	갓국어학원	**이대일**	멘사수학과연세국어학원	**하승희**	하샘국어학원
김진동	제세현국어학원	**이민주**	날개국어논술학원	**한미애**	부산하남초등학교 방과후 독서논술
박명선	서울방일초등학교	**이선이**	수논술교습소	**허채옥**	책먹는 하마 책놀이논술방

어휘력을 높일 수 있을 뿐 아니라, 글을 읽고 이해하는 힘인 문해력을 높일 수 있습니다.

아이들에게 어휘 학습이 필요한 이유 중 하나는 글을 잘 이해하기 위함입니다. 『빠작 초등 국어 어휘×독해』는 핵심어를 학습함으로써 비문학 지문 독해법을 학습할 수 있도록 구성되어 있습니다. **한자어, 속담, 관용어 등의 핵심어가 들어간 지문으로 글의 내용을 이해하고 추론할 수 있도록 돕습니다.** 지문을 읽으며 핵심어가 글 속에서 어떻게 활용되는지 익힐 수 있으며 글의 정확한 이해 또한 가능하도록 합니다. 이렇게 어휘를 배움으로써 독해 능력을 키우는 것이 가능합니다. 이후, 핵심어의 뜻과 예문을 배운 후 비슷한 뜻의 어휘로 확장하여 학습함으로써 어휘력을 높일 수 있습니다.

박명선 선생님 | 서울방일초등학교

교재만 꼼꼼하게 풀어도 아이 스스로 하는 학습이 가능합니다.

한자어, 한자 성어, 속담, 관용어 등 아이들이 어려워하는 부분들을 모아서 어휘 실력을 골고루 갖출 수 있도록 교재를 체계적으로 구성한 것이 아주 좋습니다. 그리고 **다양한 어휘 유형에서 핵심어를 고르게 선정한 것과 핵심어, 내용 이해, 추론, 적용, 관계, 심화 등 단계별로 꼼꼼하게 학습이 되도록 구성한 것이 매우 만족스럽습니다.** 교재만 꼼꼼하게 풀어도 아이 스스로 하는 학습이 가능하도록 되어 있고, 어휘 학습에서 그때그때 모르거나 어려운 부분을 동영상 강의를 통하여 이해를 도와주어 완전 학습이 되도록 물샐틈없이 잘 만들어진 교재입니다.

장희원 선생님 | 부민초등학교 외 다수 출강

빠작 초등 국어 어휘×독해

☑ 독해 학습을 통해 학년별 필수 어휘를 이해할 수 있습니다.
☑ 핵심어에 담겨 있는 한자의 뜻이나 주제 중심으로 어휘를 확장 학습할 수 있습니다.
☑ 어휘 문제를 통해 어휘를 완벽하게 소화할 수 있습니다.

단계	대상	구분
1~2단계	1~2학년	한자어 · 속담 · 관용어 + 어법
3~4단계	3~4학년	한자어 · 한자 성어 · 속담 · 관용어 + 어법
5~6단계	5~6학년	한자어 · 한자 성어 · 관용어 + 어법

바른 어휘 학습, 방법이 다릅니다

01

독해 과정에서
핵심어를 정확하게
이해해야 어휘력과
독해력이 향상됩니다.

독해를 곧잘 하는데도 어휘력이 떨어지는 아이들에 대한 부모님의 고민이 많습니다. 어휘력과 독해력 향상이 일치하지 않는 까닭은 어휘와 독해를 따로 학습하기 때문입니다. 독해력과 어휘력을 함께 향상 시키려면 독해를 할 때 가장 먼저 지문 속 핵심어를 파악하고 핵심어의 뜻을 유추하면서 지문을 읽어야 합니다. 그리고 핵심어의 정확한 뜻을 이해하고 이를 확장하여 새로운 어휘를 학습하는 것이 효과적입니다.

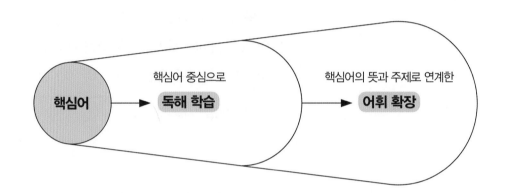

02

한자어, 한자 성어,
속담, 관용어 등
여러 분야의 어휘를
고르게 학습하는
것이 중요합니다.

우리말의 어휘는 70퍼센트 이상이 한자어로 이루어져 있습니다. 특히 학습 개념이나 비문학 글은 대부분 한자어로 이루어져 있기 때문에, 한자어 학습이 꼭 필요합니다. 그리고 한자 성어와 속담, 관용어는 특별한 뜻을 지니고 있어서 학습을 하지 않으면 그 뜻을 짐작하기가 어렵습니다. 이러한 어휘들을 학습하여 일상에서 활용할 때 어휘력을 풍부하게 키울 수 있습니다.

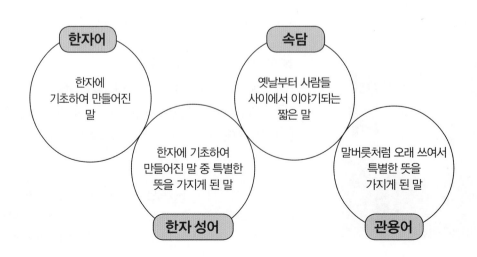

03

하나의 어휘에서 유기적으로 연계하여 어휘를 확장 학습하면 어휘를 오래 기억할 수 있습니다.

한자어는 같은 한자가 들어간 어휘끼리 연계하여 학습하면 그 뜻을 쉽게 이해할 수 있고, 오래 기억할 수 있습니다. 또한 한자 성어는 말이 나오게 된 유래나 쓰임을 이해하고 같은 주제를 가진 한자 성어로 확장하여 학습하는 것이 효과적입니다. 속담이나 관용어는 같은 주제를 가진 어휘들로 연계하여 확장하는 학습이 좋습니다.

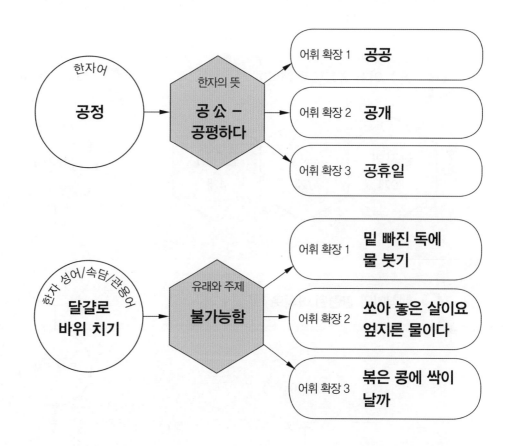

04

어법은 바른 독해와 글쓰기의 기초이므로 반드시 학습해야 합니다.

어법은 우리말의 일정한 법칙입니다. 어법 학습은 낱자의 구조부터 어휘, 문장의 구조까지 이해하는 데 기초가 됩니다. 어법을 알아야 정확하고 바르게 글을 읽고 쓸 수 있습니다. 따라서 초등 국어 교육과정에서 필수로 알아야 하는 어법을 어휘와 함께 학습하는 것이 중요합니다.

구성과 특징

빠작 초등 국어 어휘×독해 1단계는 초등 1~2학년 학생들이 꼭 알아야 하는 필수 어휘를 한자어, 속담, 관용어에서 선정하여 핵심어로 구성하였습니다. 특히 핵심어를 바탕으로 지문을 정확하게 읽어 내고, 핵심어의 뜻이나 주제와 관련된 어휘를 확장하여 학습함으로써 어휘 학습의 효과를 높이고 독해력을 향상시킬 수 있도록 구성하였습니다.

1 필수 어휘 중심으로 핵심어 31개 선정

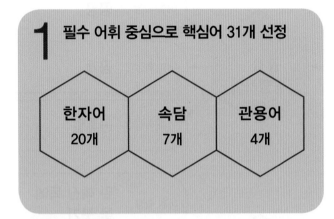

3 핵심어와 관련된 어휘로 확장 학습

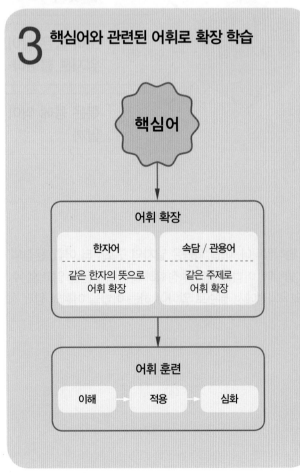

2 핵심어를 바탕으로 독해 학습

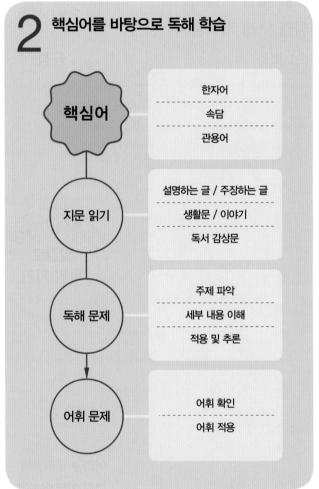

4 독해와 글쓰기의 기본, 어법 학습

⬇ 한자어, 속담, 관용어 등 핵심어를 통한 독해 학습   ⬇ 독해 문제와 지문 속 어휘 문제

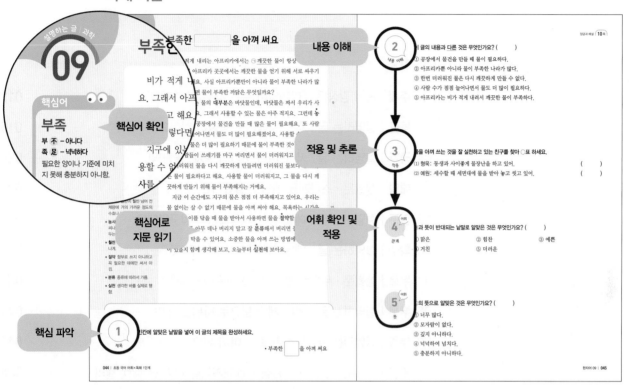

⬇ 핵심어와 관련된 어휘 확장 학습   ⬇ 핵심어와 확장된 어휘를 문제로 완벽하게 훈련

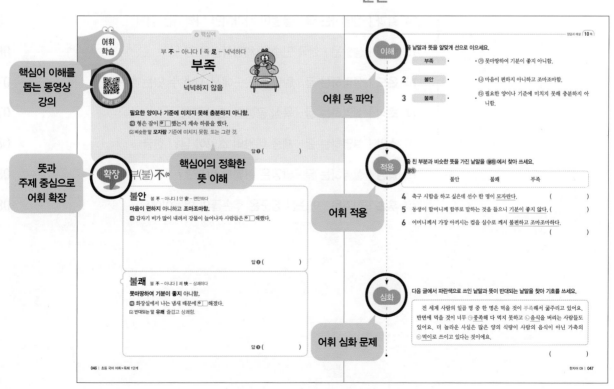

차례

어휘

어휘
한자어

한자어는 한자에 기초하여 만들어진 말입니다.

12 냉동 冷凍

11 화재 火災

10 관심 關心

09 부족 不足

13 가축 家畜

14 결과 結果

15 체험 體驗

16 온도 溫度

01	02	03	04
주제 主題	동물 動物	국가 國家	매일 每日

08	07	06	05
부분 部分	무료 無料	학생 學生	입구 入口

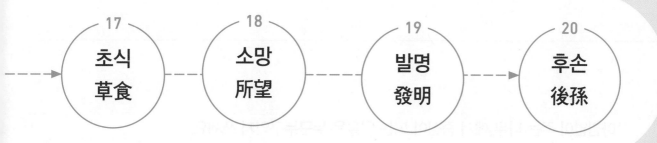

17	18	19	20
초식 草食	소망 所望	발명 發明	후손 後孫

01

핵심어

주제

주 主 – 주되다
제 題 – 제목
예술 작품에서 지은이가
나타내고자 하는 기본적인
생각.

- **담임** 어떤 학급이나 학년 따위를 책임지고 맡아봄. 또는 그런 사람.
- **추천** 어떤 조건에 적합한 대상을 책임지고 소개함.
- **주인공**(주인 주 主, 사람 인 人, 공변될 공 公) 연극, 영화, 소설 따위에서 사건의 중심이 되는 인물.
- **소년**(젊을 소 少, 해 년 年) 아직 완전히 성숙하지 아니한 어린 사내아이.
- **한참** 시간이 상당히 지나는 동안.
- **밑동** 나무줄기에서 뿌리에 가까운 부분.

『아낌없이 주는 나무』의 주제

　지난 일요일에 **담임** 선생님께서 **추천**해 주신『아낌없이 주는 나무』를 읽었다.

　『아낌없이 주는 나무』의 ㉠**주인공**은 **소년**과 나무이다. 소년과 나무는 서로 사랑했기 때문에 함께하는 시간이 행복했다. 그러던 어느 날 소년은 나무에게 돈이 필요하다고 말했다. 나무는 소년에게 시장에 　5 가져가서 팔 수 있는 사과를 내어 주었다. 그러자 소년은 사과를 가지고 나무를 떠났다. 많은 시간이 흐른 뒤에 어른이 된 소년은 나무를 찾아와 집이 필요하다고 말했다. 나무는 소년에게 집을 지을 수 있는 나뭇가지를 내어 주었다. 그 나뭇가지를 가지고 떠난 소년은 **한참** 후에 다시 나무를 찾아와 배가 필요하다고 말했다. 나무는 배를 만들 수 　10 있는 나무 기둥을 내어 주었다. 그리고 아주 오랜 시간이 지난 뒤 나무를 찾아온 소년은 노인이 되어 있었다. 소년은 피곤해서 쉴 곳이 필요하다고 말했다. 나무는 소년이 편하게 쉴 수 있도록 자신에게 마지막으로 남은 **밑동**을 내어 주었다.

　이 이야기의 　㉡　는 자신의 모든 것을 내어 주는 사랑이라고 　15 생각한다. 나무가 소년에게 주는 사랑이 부모님이 나에게 주시는 사랑과 닮은 것 같아 부모님께 감사하다는 생각이 들었다.

---

1 인물

　『아낌없이 주는 나무』에서 중심이 되는 인물은 누구누구인지 쓰세요.

・소년과 ☐☐

2
특징

이 글의 특징으로 알맞은 것은 무엇인가요? (   )

① 나무가 자라는 과정을 설명하는 글이다.

② 부모님께 감사한 마음을 전하는 편지이다.

③ 나무를 함부로 베지 말자고 주장하는 글이다.

④『아낌없이 주는 나무』의 글쓴이에 대하여 소개하는 글이다.

⑤『아낌없이 주는 나무』를 읽고 책의 줄거리와 느낌을 쓴 글이다.

3
추론

이 글을 읽고 알맞게 짐작한 친구는 누구인지 기호를 쓰세요.

> ㉮ 서진: 나무는 소년을 사랑했기 때문에 노인이 된 소년과 함께 있게 되었을 때 정말 행복했을 거야.
>
> ㉯ 유주: 나무는 소년에게 서운하고 화가 났기 때문에 노인이 된 소년에게 가장 보잘것없는 나무 밑동을 줬을 거야.

(   )

4
어휘
뜻

㉠의 뜻으로 알맞은 것은 무엇인가요? (   )

① 사람의 생김새.

② 사람이 세상을 살아가는 일.

③ 직업으로 물고기를 잡는 사람.

④ 어떤 물건을 자기 것으로 가진 사람.

⑤ 연극, 영화, 소설 따위에서 사건의 중심이 되는 인물.

5
어휘
적용

㉡에 들어갈 말로 알맞은 것은 무엇인가요? (   )

① 주소   ② 주위

③ 제자   ④ 주제

⑤ 중요

↓ 핵심어

주 主 – 주되다 | 제 題 – 제목

주제

중심이 되는 생각

예술 작품에서 지은이가 나타내고자 하는 기본적인 생각.

예 이 그림책의 ❶☐☐는 친구와 사이좋게 지내야 한다는 것이다.

☑ **소리는 같지만 뜻이 다른 말 주제** 못난 처지나 형편.

답❶ ( )

확장

주 主 (1. 주인 2. 주되다 3. 자신)가 들어간 한자어

주장 주 主 – 자신 | 장 張 – 드러내다

자기의 이론이나 의견을 내세우는 것. 또는 그 의견이나 이론.

예 수정이는 자신의 말이 맞다고 ❷☐☐했다.

답❷ ( )

주인공 주 主 – 주되다 | 인 人 – 사람 | 공 公 – 귀한 사람

연극, 영화, 소설 따위에서 사건의 중심이 되는 인물.

예 어제 본 영화의 ❸☐☐☐은 일곱 살 소녀였다.

☑ **비슷한 말 주연** 연극이나 영화에서 주인공 역을 맡아 연기하는 일. 또는 그렇게 하는 사람.

답❸ ( )

이해 다음 낱말과 뜻을 알맞게 선으로 이으세요.

1 주제 •

• ㉮ 연극, 영화, 소설 따위에서 사건의 중심이 되는 인물.

2 주장 •

• ㉯ 예술 작품에서 지은이가 나타내고자 하는 기본적인 생각.

3 주인공 •

• ㉰ 자기의 이론이나 의견을 내세우는 것. 또는 그 의견이나 이론.

적용 밑줄 친 부분과 비슷한 뜻을 가진 낱말을 보기 에서 찾아 쓰세요.

보기

주장   주제   주인공

4 『심청전』에서 이야기의 중심이 되는 인물은 '심청'이다.   (   )

5 학급 회의를 할 때 지나치게 자신의 의견만 내세우는 것은 옳지 않다.
                                                                    (   )

6 『흥부전』의 중심이 되는 생각은 형제 사이에 우애 있게 지내고 착하게 살아야 한다는 것이다.   (   )

심화 **7** 다음 글에서 빈칸에 들어갈 알맞은 낱말은 무엇인가요? (   )

☐☐☐하는 글을 쓸 때는 나의 의견을 분명하게 써야 해요. 그리고 자신의 의견을 뒷받침하는 알맞은 까닭을 함께 쓰면 읽는 사람이 내 의견을 더 잘 이해할 수 있어요.

① 감사   ② 사과   ③ 주장   ④ 관찰   ⑤ 소개

02

동물

동 動 – 움직이다
물 物 – 만물
짐승·새·벌레·물고기 등
의 생물.

- **사냥** 힘센 짐승이 약한 짐승
  을 먹이로 잡는 일.

- **투명** 물 따위가 속까지 환히
  비치도록 맑음.

- **물갈퀴** 개구리·기러기·오
  리 따위의 발가락 사이에 있
  는 얇은 막. 헤엄을 치는 데
  편리하다.

- **헤엄** 사람이나 물고기 따위
  가 물속에서 나아가기 위하
  여 팔다리나 지느러미를 움
  직이는 일.

- **수염** 사람이나 동물의 입가
  에 난 털.

- **수명** 생물이 살아 있는 동안
  지나간 햇수.

추운 북극에도 동물이 살아요

북극은 거대한 얼음덩어리가 떠 있는 매우 추운 곳이에요. 하지만 북
극에도 북극곰, 북극토끼, 북극고래 등 많은 ㉠동물들이 살고 있어요.

북극곰은 하얗게 보이는 털을 가지고 있어요. 하얀 얼음덩어리로
덮인 북극에서 자신의 몸을 숨겨 **사냥**을 하기 위해서랍니다. 하지만
사실 북극곰의 털은 **투명**하다고 해요. 투명한 털이 햇빛 때문에 우리   5
눈에는 하얗게 보이는 것이지요. 북극곰의 피부는 검은색인데, 햇빛
을 더 잘 받아들여 몸을 따뜻하게 하기 위해서라고 해요. 북극곰의 발
가락 사이에는 **물갈퀴**가 있어서 **헤엄**도 잘 칠 수 있어요.

북극토끼는 겨울에는 털이 흰색이지만 여름에는 털이 회색으로 바
뀌어요. 겨울에는 눈 속에 숨기 위해 털을 흰색으로 바꾸고, 여름에   10
는 흙과 바위틈에 숨기 위해 털을 회색으로 바꾸지요. 북극토끼는 다
리가 길어서 위험할 때 빠르게 달려 도망칠 수 있어요.

북극고래는 다른 고래보다 긴 **수염**을 가지고 있어요. 북극고래의
수염 색깔은 주로 어두운 갈색이나 검은색이에요. 북극고래는 **수명**이
매우 길어서 200년 이상 살 수 있다고 해요.   15

1

설명 대상

이 글에서 설명하는 것은 무엇인지 쓰세요.

• 북극에 사는 ☐☐

2

내용 이해

이 글의 내용과 <u>다른</u> 것은 무엇인가요? (   )

① 북극토끼는 다리가 길다.

② 북극곰의 피부는 검은색이다.

③ 북극토끼의 털은 항상 흰색이다.

④ 북극곰의 발가락 사이에는 물갈퀴가 있다.

⑤ 북극은 거대한 얼음덩어리가 떠 있는 곳이다.

3

세부 내용

북극고래에 대한 설명으로 알맞은 것에 모두 ○표 하세요.

(1) 다른 고래보다 긴 수염이 있다.   (   )

(2) 수명이 길어 200년 이상 살 수 있다.   (   )

(3) 털은 투명하고 피부의 색깔은 검은색이다.   (   )

4

뜻

아래 내용을 뜻하는 낱말은 무엇인가요? (   )

> 사람이나 동물의 입가에 난 털.

① 투명   ② 수염   ③ 다리

④ 수명   ⑤ 사냥

5

관계

㉠과 비슷한 뜻을 지닌 낱말은 무엇인가요? (   )

① 식물   ② 바위   ③ 얼음

④ 동굴   ⑤ 짐승

⊕ 핵심어

동 **動** – 움직이다 | 물 **物** – 만물

동물

이동할 수 있는 **생물**

짐승·새·벌레·물고기 등의 생물.

예 동물원에서 많은 ❶☐☐을 보았다.

답❶ (   )

확장

물 **物**(1. 만물 2. 물건)이 들어간 한자어

물건 물 **物** – 물건 | 건 **件** – 물건

1. 사람이 쓰려고 만든, 일정한 모양이 있는 온갖 것.

예 남의 ❷☐☐을 훔치면 안 된다.

2. 사고파는 물품.

예 문방구에 가서 필요한 물건을 샀다.

답❷ (   )

식물 식 **植** – 심다 | 물 **物** – 만물

풀이나 나무나 버섯 등의 생물.

예 할아버지의 정원에는 많은 종류의 ❸☐☐이 심어져 있다.

답❸ (   )

이해 다음 뜻에 해당하는 낱말을 보기 에서 찾아 쓰세요.

> **보기**
>
> 동물   물건   식물

1 풀이나 나무나 버섯 등의 생물.   (   )

2 짐승·새·벌레·물고기 등의 생물.   (   )

3 사람이 쓰려고 만든, 일정한 모양이 있는 온갖 것.   (   )

적용 다음 낱말이 들어갈 문장을 찾아 선으로 이으세요.

4 물건   ·

5 동물   ·

6 식물   ·

·㉮ 나는 (   ) 중에서 고양이를 제일 좋아
한다.

·㉯ 여럿이 함께 쓰는 (   )은 소중히 아껴
써야 한다.

·㉰ 앞마당 텃밭에 어떤 (   )을 심어야 할
지 고민이다.

심화 **7** 다음 글에서 빈칸에 들어갈 알맞은 낱말은 무엇인가요? (   )

> [   ]이/가 잘 자라기 위해서는 햇빛과 물, 그리고 흙이 반드시 필요해
> 요. 그래서 메마른 땅이나 바위틈에 뿌리를 내리면 잘 자랄 수 없답니다.

① 동물   ② 식물   ③ 사람   ④ 물건   ⑤ 기계

세계 여러 국가의 축제, ☐☐☐☐ !

텔레비전으로 올림픽 **경기**를 본 적이 있나요? 올림픽은 옛날 그리스 사람들이 4년마다 열었던 올림피아제에서 시작되었어요. 그리스 사람들은 제우스 신을 위한 제사를 치른 다음 운동 경기를 열었는데, 이 경기에서 이긴 사람은 올리브 나뭇가지로 만든 월계관을 상으로 받았으며 ㉠**영웅**이 되었다고 해요.   5

오늘날의 올림픽은 세계 여러 ㉡국가가 함께 하는 스포츠 **축제**예요. 4년마다 세계 여러 국가의 **도시**에서 돌아가면서 열려요. 제1회 올림픽은 그리스의 아테네에서 열렸어요. 우리나라는 1988년 서울에서 여름 올림픽을 열었고, 2018년 평창에서 겨울 올림픽을 열었답니다.   10

올림픽은 여름 올림픽과 겨울 올림픽이 따로 있어요. 여름 올림픽에서는 수영, 탁구, 테니스 등의 운동 경기가 **펼쳐져요**. 그리고 겨울 올림픽에서는 눈이나 얼음 위에서 하는 아이스하키, 피겨 스케이팅, 스키 점프 등의 운동 경기가 펼쳐지지요. 올림픽 경기에서 1등을 한 사람은 금메달, 2등을 한 사람은 은메달, 3등을 한 사람은 동메달을   15
받아요.

- **경기** 일정한 규칙 아래 기량과 기술을 겨룸. 또는 그런 일.
- **영웅** 재주와 용기가 특별히 뛰어난 사람.
- **오늘날** 지금의 시대.
- **축제** 축하하여 벌이는 큰 규모의 행사.
- **도시** 일정한 지역의 정치·경제·문화의 중심이 되는, 사람이 많이 사는 지역.
- **펼쳐져요** 보고 듣거나 감상할 수 있도록 사람들 앞에 주의를 끌 만한 상태로 나타나요.

1 제목

빈칸에 알맞은 낱말을 넣어 이 글의 제목을 완성하세요.

• 세계 여러 국가의 축제, ☐☐☐ !

2 글쓴이가 이 글을 쓴 까닭은 무엇인가요? (　　　)

의도

① 올림픽에 대하여 알려 주기 위해서

② 운동의 좋은 점을 알려 주기 위해서

③ 운동 경기의 종류를 알려 주기 위해서

④ 우리나라에서 열릴 올림픽을 알리기 위해서

⑤ 그리스의 제우스 신에 대하여 알려 주기 위해서

3 이 글의 내용에 알맞게 선으로 이으세요.

세부 내용

(1)　오늘날의 올림픽　·

(2)　옛날 그리스의 올림피아제　·

·　㉮ 경기에서 이긴 사람은 올리브 나뭇가지로 만든 월계관을 상으로 받는다.

·　㉯ 1등을 한 사람은 금메달, 2등을 한 사람은 은메달, 3등을 한 사람은 동메달을 받는다.

4 어휘

뜻

㉠의 뜻으로 알맞은 것은 무엇인가요? (　　　)

① 열심히 노력하는 사람.

② 운동을 처음 시작한 사람.

③ 가장 멋진 옷을 입은 사람.

④ 사람들이 가장 싫어하는 사람.

⑤ 재주와 용기가 특별히 뛰어난 사람.

5 어휘

관계

㉡과 바꾸어 쓸 수 있는 말은 무엇인가요? (　　　)

① 경기　　　　② 운동　　　　③ 나라

④ 도시　　　　⑤ 국기

⤵ 핵심어

국 國 – 나라 | 가 家 – 집

국가

┊

나라

일정한 땅과 거기에 사는 국민과 그들을 다스리는 하나의 조직을 가진 집단.

예 나의 ❶☐☐는 대한민국입니다.

☑ **비슷한 말 나라** 한 국토에서 하나의 정부 아래에 뭉쳐 있는 사람들의 조직.

답❶ (   )

확장

국 國 (나라)이 들어간 한자어

국기 국 國 – 나라 | 기 旗 – 깃발

한 나라를 나타내는 깃발.

예 태극기는 우리나라의 ❷☐☐입니다.

답❷ (   )

국민 국 國 – 나라 | 민 民 – 백성

한 나라에 속하며 그 나라를 이루는 사람들.

예 우리나라는 대통령을 ❸☐☐이 뽑습니다.

답❸ (   )

이해 다음 뜻에 해당하는 낱말을 보기 에서 찾아 쓰세요.

> 보기
>
> 국가   국기   국민

1 한 나라를 나타내는 깃발.   (   )

2 한 나라에 속하며 그 나라를 이루는 사람들.   (   )

3 일정한 땅과 거기에 사는 국민과 그들을 다스리는 하나의 조직을 가진 집단.

(   )

적용 다음 낱말이 들어갈 문장을 찾아 선으로 이으세요.

4 국가 ·   · ㉮ (   )이/가 국가에 내는 돈을 세금이라고 한다.

5 국기 ·   · ㉯ 우리나라 축구 (   ) 대표팀이 이탈리아 축구 대표팀을 이겼다.

6 국민 ·   · ㉰ 사람마다 피부색과 생김새가 다르듯이 나라마다 (   )의 모양과 색이 다르다.

심화 **7** 다음 글에서 파란색으로 쓰인 낱말과 뜻이 비슷한 낱말을 찾아 기호를 쓰세요.

> 국화는 국가를 ㉠대표하는 ㉡꽃을 말해요. 우리나라의 국화는 무궁화이지요. 영국은 장미, 네덜란드는 튤립, 프랑스는 아이리스를 ㉢나라를 대표하는 꽃으로 정하고 있어요.

(   )

＿＿＿＿＿를 매일 관찰했어요

핵심어

매일

매 每 –마다
일 日 –날

그날그날. 날마다.

이모는 내 생일날 ㉠**매번** 선물을 주세요. **작년**에는 생일 선물로 소라게를 주셨어요. 이후, 일 년 동안 ㉡매일 소라게를 **관찰**하면서 소라게에 대하여 많은 것을 알게 되었어요.

처음에는 소라게를 키우는 통을 **햇볕**이 잘 드는 곳에 두었어요. 그랬더니 낮에는 소라게가 **껍데기** 속에 숨어 있어 볼 수 없었어요. 그런데 밤이 되니 소라게가 사각사각 소리를 내며 **활발하게** 기어다니는 모습을 보였어요. 그래서 소라게는 밝고 시끄러운 곳보다는 어둡고 조용한 곳을 좋아한다는 것을 알게 되었어요. 또 소라게는 야채, 마른 멸치 등 다양한 것을 잘 먹었어요. 특히 단맛이 나는 과일을 아주 좋아했어요.

소라게의 껍데기는 만들어지는 것이 아니라 소라나 조개의 껍데기를 주워서 집처럼 등에 **지고** 다니는 거예요. 소라게는 자랄 때마다 몸에 맞는 더 큰 껍데기를 찾아 집을 바꿔요. 그래서 소라게를 위해 커다란 소라 껍데기를 주워서 소라게를 키우는 통에 넣어 두었더니, 소라게가 자라면서 자신의 몸에 맞는 커다란 소라 껍데기로 이사를 가는 것을 볼 수 있었어요.

5

10

15

- **매번**(매양 매 每, 차례 번 番) 매 때마다.
- **작년** 이 해의 바로 앞의 해.
- **관찰** 사물이나 현상을 주의하여 자세히 살펴보는 것.
- **햇볕** 해가 내리쬐는 기운.
- **껍데기** 달걀이나 조개 따위의 겉을 싸고 있는 딱딱한 물질.
- **활발하게** 생기 있고 힘차며 시원스럽게.
- **지고** (물건을) 등에 얹고.

---

1 제목

빈칸에 알맞은 낱말을 넣어 이 글의 제목을 완성하세요.

- ☐☐☐ 를 매일 관찰했어요

2

세부 내용

소라게에 대한 설명으로 알맞지 <u>않은</u> 것은 무엇인가요? (   )

① 단맛이 나는 과일을 좋아한다.

② 스스로 껍데기를 만들어 집으로 사용한다.

③ 야채, 마른 멸치 등 다양한 것을 잘 먹는다.

④ 낮에는 숨어 있고 밤에는 활발하게 기어다닌다.

⑤ 자랄 때마다 몸에 맞는 더 큰 소라나 조개의 껍데기를 찾는다.

3

적용

이 글을 읽고 소라게를 키우려고 할 때 알맞지 <u>않은</u> 내용은 무엇인가요? (   )

① 소라게를 키우는 곳은 최대한 밝게 해야겠다.

② 소라게에게 단맛이 나는 과일을 자주 주어야겠다.

③ 소라게를 키우는 곳은 너무 시끄럽지 않도록 해야겠다.

④ 소라게에게 야채, 마른 멸치 등 다양한 먹이를 주어야겠다.

⑤ 소라게가 자라면 집을 바꿀 수 있도록 더 큰 껍데기를 통에 넣어 주어야겠다.

4 어휘

뜻

㉠의 뜻으로 알맞은 것은 무엇인가요? (   )

① 가끔.   ② 그날그날.

③ 매 때마다.   ④ 한 시간 마다.

⑤ 한 달에 한 번.

5 어휘

적용

다음 빈칸에 ㉡을 넣었을 때 어울리는 문장의 기호를 쓰세요.

> ㉮ [   ] 크리스마스가 되면 트리를 만든다.
>
> ㉯ 아버지는 [   ] 저녁 식사 시간에 뉴스를 들으신다.

(   )

어휘
학습

동영상 강의

매 毎 – 마다 | 일 日 – 날

매일

날마다

그날그날. 날마다.

예 나는 ❶ ☐☐ 저녁마다 일기를 쓴다.

☑ 비슷한 말 **일일** 각각의 개별적인 나날. 하루하루마다.

답❶ ( )

확장

매 毎 (1. 늘 2. 마다)가 들어간 한자어

매번 매 毎 – 마다 | 번 番 – 차례

매 때마다.

예 지연이는 학교에 갈 때마다 ❷ ☐☐ 우리 집에 들러 나와 함께 학교에 간다.

☑ 비슷한 말 **번번이** 매 때마다.

답❷ ( )

매년 매 毎 – 마다 | 년 年 – 해

한 해 한 해. 해마다.

예 ❸ ☐☐ 돌아오는 생일이지만 올해는 특히 더 기대가 된다.

☑ 비슷한 말 **매해** 한 해 한 해.

답❸ ( )

이해

보기 에서 글자들을 골라, 뜻에 알맞은 낱말을 두 글자로 만들어 쓰세요.

> **보기**
>
> | 논 | 매 | 감 | 기 |
> |---|---|---|---|
> | 년 | 일 | 번 | 협 |

1 매 때마다.   (   )

2 그날그날. 날마다.   (   )

3 한 해 한 해. 해마다.   (   )

적용

밑줄 친 부분과 비슷한 뜻을 가진 낱말을 **보기** 에서 찾아 쓰세요.

> **보기**
>
> | 매일 | 매번 | 매년 |
> |---|---|---|

4 우리나라 곳곳에서는 <u>매해</u> 지역 축제가 열린다.   (   )

5 아버지는 <u>날마다</u> 아침 일찍 일어나 운동을 하러 가신다.   (   )

6 내 동생은 낮잠을 자고 일어나면 <u>번번이</u> 울음을 터뜨린다.   (   )

심화

7 다음 글에서 빈칸에 들어갈 알맞은 낱말은 무엇인가요? (   )

> 일기는 그날 있었던 일 중에서 인상 깊었던 일과 그 일에 대한 생각이나 느낌을 [   ] 쓰는 글이에요. 즐겁고 기뻤던 일이나 속상했던 일 모두 일기의 내용이 될 수 있어요.

① 매년   ② 매일   ③ 가끔   ④ 매월   ⑤ 매주

에펠 탑은 박람회장의 입구였대요

1889년 프랑스 파리에서 열린 **박람회**에서 사람들의 눈길을 끌 ㉠입구로 건축학자 구스타프 에펠이 에펠 탑을 만들었어요. 철을 재료로 만든 에펠 탑의 높이는 약 320미터 정도로 그때에는 세계에서 가장 높은 **건축물**이었어요.

처음에는 철로 지어진 에펠 탑을 **흉하다고** 생각하는 사람들이 많았어요. 프랑스의 유명한 소설가인 모파상도 그런 사람 중 한 명이었어요. 모파상은 에펠 탑을 보는 것이 싫어서 파리 ㉡**시내**에서 유일하게 에펠 탑이 보이지 않는 에펠 탑 안의 식당에서만 식사를 했다고 해요.

원래 에펠 탑은 박람회가 끝난 후 20년이 지나면 없애기로 되어 있었어요. 하지만 이후 에펠 탑에 라디오나 텔레비전 방송을 위한 **안테나**를 놓게 되면서 오늘날까지 남아 있을 수 있게 되었어요. 그리고 에펠 탑은 프랑스를 대표하는 건축물이자 많은 사람들의 사랑을 받는 관광지가 되었어요.

입장료를 내면 에펠 탑 안에 들어가 위로 올라갈 수도 있어요. 에펠 탑의 입구에서 2층까지는 계단으로도 걸어서 올라갈 수 있지만, 에펠 탑의 꼭대기 층까지 가려면 엘리베이터를 타고 올라가야 해요. 꼭대기 층의 **전망대**에서는 파리 시내를 **한눈**에 볼 수 있답니다.

5

10

15

- **박람회** 일정 기간 동안 선전을 하기 위하여 공업·농업·상업 등의 온갖 물품을 사람들에게 보이는 행사.
- **건축물** 땅 위에 지은 구조물 중에서 지붕, 기둥, 벽이 있는 건물을 통틀어 이르는 말.
- **흉하다고** 생김새나 태도가 보기에 언짢거나 징그럽다고.
- **시내** 도시의 안.
- **안테나** 전파를 보내거나 받기 위해 공중에 세우는 장치.
- **입장료** 경기장·극장·연주회장과 같은 장소에 들어가기 위하여 내는 돈.
- **전망대** 멀리 내다볼 수 있도록 높이 만든 대.
- **한눈** 한꺼번에.

1
설명 대상

이 글에서 설명하는 것은 무엇인지 쓰세요.

2
내용 이해

이 글의 내용과 <u>다른</u> 것은 무엇인가요? (   )

① 에펠 탑에 안테나를 놓았다.

② 에펠 탑은 프랑스 파리에 있다.

③ 입장료를 내지 않아도 에펠 탑 위로 올라갈 수 있다.

④ 1889년에 에펠 탑은 세계에서 가장 높은 건축물이었다.

⑤ 에펠 탑의 꼭대기 층까지 가려면 엘리베이터를 타야 한다.

3
세부 내용

에펠 탑이 오늘날까지 남아 있는 까닭을 알맞게 짐작한 친구는 누구인가요? (   )

① 효진: 에펠 탑을 없애는 것이 어려웠기 때문이야.

② 연재: 에펠 탑이 알려지지 않은 곳이었기 때문이야.

③ 예인: 에펠 탑을 싫어하는 사람이 많았기 때문이야.

④ 수호: 에펠 탑이 안테나를 놓기에 알맞았기 때문이야.

⑤ 이든: 에펠 탑의 식당을 많은 사람이 이용했기 때문이야.

4
관계
어휘

㉠과 뜻이 반대되는 낱말로 알맞은 것은 무엇인가요? (   )

① 문   ② 복도   ③ 계단

④ 가구   ⑤ 출구

5
뜻
어휘

㉡의 뜻으로 알맞은 것에 ○표 하세요

(1) 도시의 안.   (   )

(2) 크지 않은 개울.   (   )

어휘 학습

입 入 – 들다 | 구 口 – 어귀

입구

들어가는 통로

들어가는 통로.

예 놀이동산에 들어가는 ❶◻◻에서 친구를 만났다.

☑ **반대되는 말 출구** 밖으로 나갈 수 있는 통로.

답❶ ( )

확장

입 入 (들다)이 들어간 한자어

입학 입 入 – 들다 | 학 學 – 배우다

학생이 되어 공부하기 위해 학교에 들어감.

예 우리 형은 올해 중학교에 ❷◻◻한다.

☑ **반대되는 말 졸업** 학교에서 정해진 과정을 모두 마치는 것.

답❷ ( )

입장료 입 入 – 들다 | 장 場 – 장소 | 료 料 – 값

경기장·극장·연주회장과 같은 장소에 들어가기 위하여 내는 돈.

예 이 경기장은 여덟 살이 넘으면 ❸◻◻◻를 내야 한다.

답❸ ( )

다음 낱말과 뜻을 알맞게 선으로 이으세요.

1 입학 •

2 입구 •

3 입장료 •

• ㉮ 들어가는 통로.

• ㉯ 학생이 되어 공부하기 위해 학교에 들어감.

• ㉰ 경기장·극장·연주회장과 같은 장소에 들어가기 위하여 내는 돈.

 빈칸에 들어갈 낱말을 보기 에서 찾아 쓰세요.

> 보기
>
> 입구   입학   입장료

4 우리나라에서는 여덟 살이 되면 초등학교에 (   )한다.

5 식당 (   )에 벗어 둔 신발이 많아서 지저분하게 보인다.

6 어린이박물관은 (   )을/를 내지 않아도 들어갈 수 있다.

심화 **7** 다음 글에서 파란색으로 쓰인 낱말과 뜻이 반대되는 낱말을 찾아 기호를 쓰세요.

> 올해 유치원을 졸업하고 초등학교에 ㉠입학했어요. 제가 ㉡학교에서 가장 자주 가는 장소는 ㉢도서관이에요. 도서관에 가면 좋아하는 책을 마음껏 볼 수 있어서 좋아요.

(   )

06

핵심어

학생

학 學 – 공부하다
생 生 – 사람

학교에 다니면서 공부하는 사람.

서당은 옛날에 ㉠학생들이 공부를 하던 곳이에요. 지금 우리가 다니는 초등학교와 비슷한 점도 있지만 다른 점도 있어요.

우선 [㉡]는 한글로 국어, 수학 등 여러 과목을 공부하는데, 서당은 **한문**의 글자와 뜻을 공부했어요. 또 초등학교는 같은 **학년**이면 같은 책으로 공부하는데, 서당은 공부한 내용을 완전히 익혀야 다음 책으로 넘어갈 수 있었기 때문에 함께 공부를 시작했더라도 학생에 따라 배우는 부분이 달랐다고 해요.   5

또 초등학교는 나라에서 학생들을 가르치기 위해 만든 곳이기 때문에 돈을 내지 않고 다닐 수 있어요. 그런데 서당은 공부하는 학생들이 쌀이나 옷 등을 내야 다닐 수 있었어요. 그래서 서당은 주로 **양반**의   10
자식들이나 돈이 많은 집의 아이들이 다녔다고 해요.

마지막으로 초등학교에서는 공부를 가르치는 **분**을 선생님이라고 부르지만, 서당에서는 훈장님이라고 불렀어요. 선생님은 나라에서 정하는 사람이 할 수 있지만, 훈장님은 마을에서 아는 것이 많고, 여러 사람에게 **존경**받는 분이 **맡았다고** 해요.   15

● **한문**(한나라 한 漢, 글월 문 文) 중국의 글자로 씌어진 글.

● **학년**(배울 학 學, 해 년 年) 수업하는 과목의 정도에 따라 일 년을 단위로 구분한 학교 교육의 단계.

● **양반** 고려·조선 시대에, 지배층을 이루던 신분.

● **분** 사람을 높여서 이르는 말.

● **존경** 남의 인격, 사상, 행위 따위를 받들어 공경함.

● **맡았다고** 어떤 일에 대한 책임을 지고 담당했다고.

1
설명 대상

이 글에서 설명하는 것은 무엇인지 쓰세요.

[ ] [ ]

2 서당에 대한 설명으로 알맞지 <u>않은</u> 것을 두 가지 고르세요. (　　,　　)

세부 내용

① 서당에서는 농사짓는 법을 배웠다.

② 서당은 쌀이나 옷 등을 내야 다닐 수 있었다.

③ 서당의 아이들은 모두 같은 책으로 공부했다.

④ 주로 양반의 자식들이나 돈이 많은 집의 아이들이 서당에 다녔다.

⑤ 서당의 훈장님은 아는 것이 많고, 여러 사람에게 존경받는 분이 맡았다.

3 이 글을 통해 답을 알 수 있는 질문은 무엇인가요? (　　　　)

추론

① 서당은 몇 살부터 다녔을까?

② 훈장님은 어떤 옷을 주로 입었을까?

③ 서당은 하루에 몇 시간 공부했을까?

④ 서당과 초등학교의 다른 점은 무엇일까?

⑤ 서당에서 공부하던 책의 이름은 무엇일까?

어휘

4 다음 중 ㉠과 뜻이 반대되는 말은 무엇인가요? (　　　　)

관계

① 글자　　　　　② 아이　　　　　③ 친구

④ 공부　　　　　⑤ 선생님

어휘

5 ㉡에 들어갈 말로 알맞은 것은 무엇인가요? (　　　　)

적용

① 나라　　　　　② 공부　　　　　③ 아이

④ 놀이터　　　　⑤ 초등학교

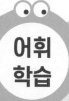

어휘 학습

학 **學** – 공부하다 | 생 **生** – 사람

학생

공부하는 사람

학교에 다니면서 공부하는 사람.

예 ❶◻◻들이 교실에서 수업을 듣고 있다.

답❶ (   )

확장

학 **學**(1. 배우다 2. 공부하다)이 들어간 한자어

학교   학 **學** – 배우다 | 교 **校** – 학교

학생을 가르치는 공공의 교육 기관, 또는 그 장소로 쓰이는 건물.

예 나는 올해 초등❷◻에 입학했다.

답❷ (   )

학년   학 **學** – 배우다 | 년 **年** – 해

수업하는 과목의 정도에 따라 일 년을 단위로 구분한 학교 교육의 단계.

예 나는 내년에 초등학교 2❸◻이 된다.

답❸ (   )

이해 **보기** 에서 글자들을 골라, 뜻에 알맞은 낱말을 두 글자로 만들어 쓰세요.

보기

수	학	생	가
국	교	년	천

1 학교에 다니면서 공부하는 사람. ( )

2 학생을 가르치는 공공의 교육 기관, 또는 그 장소로 쓰이는 건물.

( )

3 수업하는 과목의 정도에 따라 일 년을 단위로 구분한 학교 교육의 단계.

( )

적용 다음 낱말이 들어갈 문장을 찾아 선으로 이으세요.

4 학년 •

• ㉮ 내가 입학한 ( )은/는 100년의 역사를 자랑한다.

5 학생 •

• ㉯ 우리 학교 그림 대회에서 5( ) 학생이 일 등을 했다.

6 학교 •

• ㉰ ( ) 수가 줄어들어서 문을 닫는 초등학교들이 생겨나기 시작했다.

심화 **7** 다음 글에서 빈칸에 들어갈 알맞은 낱말은 무엇인가요? ( )

새로운 선생님과 친구들을 만나는 새 ☐☐☐의 시작은 언제나 설렘이 있어요. 한편으로는 '잘 지낼 수 있을까?'라는 걱정이 들기도 하지만요. 행복하고 즐거운 한 해를 보내기 위해서 어떤 준비가 필요할지 생각해 보아요.

① 학년 ② 놀이 ③ 과학 ④ 교실 ⑤ 나라

핵심어

무료

무 無 – 없다
료 料 – 값
요금이 없음.

무료로 볼 수 있는 어린이 ☐

어린이들이 옛날 사람들의 생활 모습을 재미있게 보면서 즐길 수 있도록 만들어진 **박물관**이 있어요. 바로 어린이박물관이에요. 우리나라 **곳곳**에는 다양한 어린이박물관이 있어요. 그중 서울 국립중앙박물관 안에 있는 어린이박물관은 어린이뿐만 아니라 가족 모두 **체험**과 놀이를 즐길 수 있는 곳이에요.   5

국립중앙박물관의 어린이박물관 안에는 옛날 사람들이 살았던 모습과 물건을 살펴볼 수 있는 '전시실'이 있어요. 이곳은 어린이들이 전시된 물건을 눈으로 볼 수 있을 뿐만 아니라 **직접** 만져 보고 즐길 수 있게 되어 있어요. 또 어린 동생들이 부모님과 함께 안전하게 놀 수 있는 '데굴데굴 놀이터'와 책을 읽으면서 쉴 수 있는 '아하! 나무'도   10
있어요. 어린이박물관에서 신나게 놀다 보면 ☐ ㉠ ☐ 사람들의 삶과 지혜를 자연스럽게 배우고 익힐 수 있을 거예요.

이번 주말에는 가족들과 함께 국립중앙박물관의 어린이박물관에 가 보면 어떨까요? 국립중앙박물관의 어린이박물관은 **예약**하면 누구나 ㉡무료로 볼 수 있어요. 미리 어린이박물관 **누리집**을 보고 어린이   15
박물관에 가면 더욱 재미있게 즐길 수 있을 거예요.

- **박물관** 고고학적 자료, 역사적 유물, 예술품, 그 밖의 학술 자료를 수집·보존·진열하고 일반에게 전시하여 학술 연구와 사회 교육에 기여할 목적으로 만든 시설.
- **곳곳** 여러 곳 또는 이곳저곳.
- **체험** 자기가 몸소 겪음. 또는 그런 경험.
- **직접** 사이에 남이나 다른 사물이 끼이지 않게 바로.
- **예약** 미리 약속함. 또는 미리 정한 약속.
- **누리집** 개인이나 단체가 인터넷에서 볼 수 있게 만든 자료.

---

1 제목

빈칸에 알맞은 낱말을 넣어 이 글의 제목을 완성하세요.

• 무료로 볼 수 있는 어린이 ☐☐☐

2 글쓴이가 이 글을 쓴 까닭을 바르게 말한 친구를 찾아 ○표 하세요.

의도

(1) 용준: 옛날 사람들의 생활 모습을 소개하기 위해서 이 글을 썼어.   (   )

(2) 수현: 국립중앙박물관의 어린이박물관을 소개하기 위해서 이 글을 썼어. (   )

3 국립중앙박물관의 어린이박물관에 대한 설명으로 알맞은 것은 무엇인가요? (   )

세부 내용

① 어린이박물관은 서울 국립중앙박물관 안에만 있다.

② 국립중앙박물관의 어린이박물관은 무료로 볼 수 있는 곳이다.

③ 국립중앙박물관의 어린이박물관에는 어린 동생들은 들어갈 수 없다.

④ 국립중앙박물관의 어린이박물관에서는 전시된 물건을 만지면 안 된다.

⑤ 국립중앙박물관의 어린이박물관에서는 어린이들만 체험과 놀이를 즐길 수 있다.

4 어휘

㉠에 들어갈 말로 알맞은 것은 무엇인가요? (   )

뜻

① 어린

② 요즘

③ 옛날

④ 다른 나라

⑤ 나이가 많은

5 어휘

㉡과 뜻이 반대되는 낱말로 알맞은 것은 무엇인가요? (   )

관계

① 값   ② 공짜   ③ 요금

④ 유료   ⑤ 입장권

↓ 핵심어

무 無 - 없다 | 료 料 - 값

무료

×

값이 없음

요금이 없음.

예 도서관은 ❶ ☐ ☐ 로 책을 빌려주는 곳이다.

☑ **반대되는 말 유료** 요금을 내게 되어 있음.

답 ❶ (   )

확장

무 無 (없다)가 들어간 한자어

무능   무 無 - 없다 | 능 能 - 능력

어떤 일을 해결하는 능력이 없음.

예 그 책은 ❷ ☐ 한 임금을 꾸짖는 내용이다.

☑ **반대되는 말 유능** 어떤 일을 남들보다 잘하는 능력이 있음.

답 ❷ (   )

무조건   무 無 - 없다 | 조 條 - 가지 | 건 件 - 조건

아무 조건도 없음.

예 혜지는 예쁜 볼펜이면 ❸ ☐ ☐ ☐ 사고 싶어 한다.

답 ❸ (   )

이해   다음 낱말과 뜻을 알맞게 선으로 이으세요.

1   무능   •

  •㉮ 요금이 없음.

2   무료   •

  •㉯ 아무 조건도 없음.

3   무조건   •

  •㉰ 어떤 일을 해결하는 능력이 없음.

적용   빈칸에 들어갈 낱말을 보기 에서 찾아 쓰세요.

보기

무료   무능   무조건

4   (   )한 사람은 다른 사람에게 피해를 준다.

5   형은 내 이야기는 듣지도 않고 (   ) 화를 내기 시작했다.

6   어린이날을 맞이하여 동물원 입장권을 (   )(으)로 나누어 주었다.

심화   **7**   다음 글에서 파란색으로 쓰인 낱말과 뜻이 반대되는 낱말을 찾아 기호를 쓰세요.

어려운 일이 생겨도 스스로 ㉠해결하기 위해 노력하는 사람은 ㉡유능한 사람이에요. 하지만 어떤 일도 ㉢무조건 안 된다고 하면서 열심히 하지 않는 무능한 사람도 있어요. 모두 유능한 사람이 되도록 노력해 보아요.

(   )

몸이 세 부분으로 나뉘는 개미

부분

부 部 – 떼
분 分 – 나누다
전체를 이루는 작은 범위.
또는 전체를 몇 개로 나눈
것의 하나.

몸이 머리, 가슴, 배의 세 부분으로 나뉘고 다리가 여섯 개인 동물을 **곤충**이라고 해요. 곤충 중 하나인 개미도 몸이 세 부분으로 나뉘고 다리가 여섯 개이지요.

개미는 자신을 잡아먹는 동물이 쉽게 집으로 들어올 수 없게 땅속에 집을 지어요. 개미가 지은 땅속의 집에는 여러 개의 방이 있고, 방 5 과 방 사이는 ㉠좁은 길로 이어져 있어요. 땅속에 집을 지었기 때문에 여름에는 **시원하고** 겨울에는 따뜻해요.

개미들은 여러 마리가 한곳에 모여 사는데 여왕개미, 수개미, 일개미로 나누어져요. 한곳에 사는 개미 중 여왕개미는 한 마리뿐이에요. 날개를 가진 여왕개미와 수개미는 알을 낳기 위해 **결혼 비행**을 해요. 10 결혼 비행이 끝나면 여왕개미는 날개가 떨어지며 알을 낳게 되고, 수개미들은 **대부분** 죽고 말아요. 여왕개미와 수개미가 아닌 나머지는 모두 일개미예요. 일개미들은 여왕개미와 알을 **돌보고** 먹을 것을 찾는 일을 해요.

개미는 먹이를 찾았을 때 배의 끝을 땅에 **끌면서** 냄새 길을 만들어 15 요. 이 냄새 길을 따라 다른 개미들이 먹이가 있는 곳을 찾아가서 함께 먹이를 옮길 수 있지요. 개미는 **몸집**은 작으나 힘이 세서 자신보다 무거운 먹이도 들어 올려서 옮길 수 있어요.

- **곤충** 곤충강에 속한 동물을 통틀어 이르는 말.
- **시원하고** 덥거나 춥지 아니하고 알맞게 서늘하고.
- **결혼 비행** 일정한 기상 조건 아래에서 꿀벌, 개미 따위의 수컷과 여왕벌이나 여왕개미가 일제히 날아올라 교미하는 일.
- **대부분** 절반이 훨씬 넘어 전체량에 거의 가까운 정도의 수효나 분량.
- **돌보고** 관심을 가지고 보살피고.
- **끌면서** 바닥에 댄 채로 잡아당기면서.
- **몸집** 몸의 부피.

---

1 이 글에서 설명하는 것은 무엇인지 쓰세요.

설명 대상

☐☐

2 내용 이해

이 글의 내용과 <u>다른</u> 것은 무엇인가요? (　　　)

① 개미는 나무 위에 집을 짓는다.

② 개미는 여러 마리가 한곳에 모여 산다.

③ 개미는 먹이를 찾았을 때 냄새 길을 만든다.

④ 개미의 몸은 머리, 가슴, 배의 세 부분으로 나눌 수 있다.

⑤ 개미는 자신보다 무거운 먹이도 들어 올릴 만큼 힘이 세다.

3 세부 내용

각 개미의 특징에 알맞게 선으로 이으세요.

(1)　수개미　·

(2)　일개미　·

(3)　여왕개미　·

· ㉮ 결혼 비행이 끝나면 대부분 죽는다.

· ㉯ 결혼 비행이 끝나면 날개가 떨어지며 알을 낳는다.

· ㉰ 여왕개미와 알을 돌보고 먹을 것을 찾는 일을 한다.

4 뜻

아래 내용을 뜻하는 낱말을 본문에서 찾아 쓰세요.

> 전체를 이루는 작은 범위. 또는 전체를 몇 개로 나눈 것의 하나.

5 관계

㉠과 뜻이 반대되는 낱말로 알맞은 것은 무엇인가요? (　　　)

① 느린　　　　② 작은　　　　③ 넓은

④ 빠른　　　　⑤ 가느다란

어휘
학습

동영상 강의

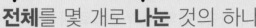

부 **部** – 때 | 분 **分** – 나누다

부분

전체를 몇 개로 **나눈** 것의 하나

전체를 이루는 작은 범위. 또는 전체를 몇 개로 나눈 것의 하나.

예 복숭아의 썩은 **❶**◻️을 칼로 잘라 내었다.

☑ **비슷한 말 일부** 한 부분. 또는 전체를 여럿으로 나눈 얼마.

답 ❶ (　　　　　)

확장

부 **部**(1. 때 2. 나누다)가 들어간 한자어

부품　부 **部** – 나누다 | 품 **品** – 물건

기계 따위의 어떤 부분에 쓰는 물품.

예 아버지는 자동차의 낡은 **❷**◻️을 새로운 것으로 바꾸셨다.

답 ❷ (　　　　　)

전부　전 **全** – 온전하다 | 부 **部** – 때

어떤 대상을 이루는 낱낱을 모두 합친 것.

예 그는 재산의 **❸**◻️를 학교에 기부하였다.

☑ **비슷한 말 모두** 일정한 수효나 양을 기준으로 하여 빠짐이나 넘침이 없는 전체.

답 ❸ (　　　　　)

이해 보기 에서 글자들을 골라, 뜻에 알맞은 낱말을 두 글자로 만들어 쓰세요.

> **보기**
>
> | 일 | 전 | 부 | 원 |
> |---|---|---|---|
> | 고 | 형 | 분 | 품 |

1 전체를 이루는 작은 범위. ( )

2 기계 따위의 어떤 부분에 쓰는 물품. ( )

3 어떤 대상을 이루는 낱낱을 모두 합친 것. ( )

적용 다음 낱말이 들어갈 문장을 찾아 선으로 이으세요.

4 부품 ·

5 부분 ·

6 전부 ·

· ㉮ 갑자기 많은 비가 내려서 옷이 ( ) 젖었다.

· ㉯ 자동차를 만드는 데에는 많은 ( )이/ 가 필요하다.

· ㉰ 침팬지는 인간과 비슷한 ( )이/가 가 장 많은 동물이다.

심화 **7** 다음 글에서 파란색으로 쓰인 낱말과 뜻이 반대되는 낱말을 찾아 기호를 쓰세요.

> 어느 날 앞이 안 보이는 세 사람이 코끼리의 한 부분씩만 만지게 되었어요. 코끼리의 이빨을 만진 사람은 코끼리는 창과 같다고 했고, 코끼리의 코를 만 진 사람은 코끼리는 뱀과 같다고 했어요. 마지막으로 코끼리의 귀를 만진 사 람은 코끼리는 커다란 이파리와 같다고 말했어요. 이처럼 ㉠일부만 알면서 ㉡전부 다 아는 것처럼 ㉢행동할 때 '장님 코끼리 만지는 격'이라는 말을 써요.

( )

부족한 [   ]을 아껴 써요

비가 적게 내리는 아프리카에서는 ㉠깨끗한 물이 항상 ㉡부족해요. 그래서 아프리카 곳곳에서는 깨끗한 물을 얻기 위해 서로 싸우기도 한다고 해요. 사실 아프리카뿐만이 아니라 물이 부족한 나라가 많아요. 그렇다면 물이 부족한 까닭은 무엇일까요?

지구에 있는 물의 **대부분**은 바닷물인데, 바닷물은 짜서 우리가 사용할 수 없어요. 그래서 사용할 수 있는 물은 아주 적지요. 그런데 **농사**를 짓거나 공장에서 물건을 만들 때 많은 물이 필요해요. 또 사람수가 점점 늘어나면서 물도 더 많이 필요해졌어요. 사용할 수 있는 물은 적은데 물은 더 많이 필요하기 때문에 물이 부족한 것이지요.

또 사람들이 쓰레기를 마구 버리면서 물이 더러워지고 있어요. 한번 더러워진 물을 다시 깨끗하게 만들려면 더러워진 물보다 **훨씬** 많은 물이 필요하다고 해요. 사용할 물이 더러워지고, 그 물을 다시 깨끗하게 만들기 위해 물이 부족해지는 거예요.

지금 이 순간에도 지구의 물은 점점 더 부족해지고 있어요. 우리는 물 없이는 살 수 없기 때문에 물을 아껴 써야 해요. 목욕하는 시간을 줄이거나 이를 닦을 때 물을 받아서 사용하면 물을 **절약**할 수 있어요. 또 쓰레기를 아무 데나 버리지 말고 잘 **분류**해서 버리면 물이 더러워지는 것을 막을 수 있어요. 소중한 물을 아껴 쓰는 방법에는 또 무엇이 있을지 함께 생각해 보고, 오늘부터 **실천**해 보아요.

5

10

15

- **대부분** 절반이 훨씬 넘어 전체량에 거의 가까운 정도의 수효나 분량.
- **농사** 곡류, 과채류 따위의 씨나 모종을 심어 기르고 거두는 따위의 일.
- **훨씬** 정도 이상으로 차이가 나게.
- **절약** 함부로 쓰지 아니하고 꼭 필요한 데에만 써서 아낌.
- **분류** 종류에 따라서 가름.
- **실천** 생각한 바를 실제로 행함.

---

1 제목

빈칸에 알맞은 낱말을 넣어 이 글의 제목을 완성하세요.

• 부족한 [   ]을 아껴 써요

2

내용 이해

이 글의 내용과 다른 것은 무엇인가요? (   )

① 공장에서 물건을 만들 때 물이 필요하다.

② 아프리카뿐 아니라 물이 부족한 나라가 많다.

③ 한번 더러워진 물은 다시 깨끗하게 만들 수 없다.

④ 사람 수가 점점 늘어나면서 물도 더 많이 필요하다.

⑤ 아프리카는 비가 적게 내려서 깨끗한 물이 부족하다.

3

적용

물을 아껴 쓰는 것을 잘 실천하고 있는 친구를 찾아 ○표 하세요.

(1) 형욱: 동생과 사이좋게 물장난을 하고 있어.   (   )

(2) 예원: 세수할 때 세면대에 물을 받아 놓고 씻고 있어.   (   )

4

어휘

관계

㉠과 뜻이 반대되는 낱말로 알맞은 것은 무엇인가요? (   )

① 맑은   ② 힘찬   ③ 예쁜

④ 거친   ⑤ 더러운

5

어휘

뜻

㉡의 뜻으로 알맞은 것은 무엇인가요? (   )

① 너무 많다.

② 모자람이 없다.

③ 깊지 아니하다.

④ 넉넉하여 넘치다.

⑤ 충분하지 아니하다.

**어휘
학습**

↓ 핵심어

부 **不** – 아니다 | 족 **足** – 넉넉하다

부족

넉넉하지 않음

필요한 양이나 기준에 미치지 못해 충분하지 아니함.

예 형은 잠이 ❶☐☐했는지 계속 하품을 했다.

☑ 비슷한 말 **모자람** 기준에 미치지 못함. 또는 그런 것.

답❶ (   )

 확장

부(불) **不** (아니다)가 들어간 한자어

불안   불 **不** – 아니다 | 안 **安** – 편안하다

마음이 편하지 아니하고 조마조마함.

예 갑자기 비가 많이 내려서 강물이 늘어나자 사람들은 ❷☐☐해했다.

답❷ (   )

불쾌   불 **不** – 아니다 | 쾌 **快** – 상쾌하다

못마땅하여 기분이 좋지 아니함.

예 화장실에서 나는 냄새 때문에 ❸☐☐해졌다.

☑ 반대되는 말 **유쾌** 즐겁고 상쾌함.

답❸ (   )

이해 다음 낱말과 뜻을 알맞게 선으로 이으세요.

1 부족 •

•㉮ 못마땅하여 기분이 좋지 아니함.

2 불안 •

•㉯ 마음이 편하지 아니하고 조마조마함.

3 불쾌 •

•㉰ 필요한 양이나 기준에 미치지 못해 충분하지 아니함.

적용 밑줄 친 부분과 비슷한 뜻을 가진 낱말을 보기 에서 찾아 쓰세요.

> 보기
>
> 불안   불쾌   부족

4 축구 시합을 하고 싶은데 선수 한 명이 모자란다.   (   )

5 동생이 할머니께 함부로 말하는 것을 들으니 기분이 좋지 않다. (   )

6 어머니께서 가장 아끼시는 컵을 실수로 깨서 불편하고 조마조마하다.

(   )

심화 **7** 다음 글에서 파란색으로 쓰인 낱말과 뜻이 반대되는 낱말을 찾아 기호를 쓰세요.

> 전 세계 사람의 일곱 명 중 한 명은 먹을 것이 부족해서 굶주리고 있어요. 반면에 먹을 것이 너무 ㉠풍족해 다 먹지 못하고 ㉡음식을 버리는 사람들도 있어요. 더 놀라운 사실은 많은 양의 식량이 사람의 음식이 아닌 가축의 ㉢먹이로 쓰이고 있다는 것이에요.

(   )

10

관심

관 關 – 관계하다
심 心 – 마음

어떤 것에 마음이 끌려 주의를 기울임. 또는 그런 마음이나 주의.

- **앓고** 병에 걸려 고통을 겪고.

- **심술**(마음 심 心, 꾀 술 術)
  온당하지 아니하게 고집을 부리는 마음.

- **건네주면서** 돈, 물건 따위를 남에게 옮기어 주면서.

- **전혀** '도무지', '완전히'의 뜻을 나타내는 말.

- **포기** 하려던 일을 도중에 그만두어 버림.

- **깨달았어요** 사물의 본질이나 이치 따위를 생각하거나 궁리하여 알게 되었어요.

- **장애인** 신체의 일부에 장애가 있거나 정신 능력이 원활하지 못해 일상생활이나 사회생활에서 어려움이 있는 사람.

- **기억** 이전의 인상이나 경험을 의식 속에 간직하거나 도로 생각해 냄.

선생님의 관심으로 어려움을 이겨 낸 헬렌 켈러

헬렌 켈러는 두 살 때 병을 **앓고** 난 후로 앞을 볼 수 없고 소리도 들을 수 없게 되었어요. 소리를 듣지 못했기 때문에 말도 제대로 할 수 없었지요. 그래서 헬렌은 하고 싶은 말이 있으면 물건을 던지거나 사람을 때리며 ㉠**심술**을 부렸다고 해요.

헬렌이 여섯 살 때 설리번 선생님이 헬렌을 가르치기 위해 헬렌의 5
집으로 오셨어요. 설리번 선생님은 헬렌에게 모든 물건에는 이름이 있다는 것을 가르치기 위해 인형과 같은 물건을 **건네주면서** 헬렌의 손바닥에 물건의 이름을 써 주었어요. 헬렌은 자신의 손바닥에 적힌 것이 무엇인지 **전혀** 알지 못했지만, 설리번 선생님은 끝까지 **포기**하지 않고 헬렌을 가르쳤어요. 그러던 어느 날 설리번 선생님은 헬렌의 10
손에 물을 묻히고 헬렌의 손바닥에 '물'이라고 썼어요. 이때 헬렌은 처음으로 손바닥에 묻은 것의 이름이 '물'이라는 것을 **깨달았어요**. 그리고 모든 물건에는 이름이 있다는 것을 알게 되었지요. 이때부터 헬렌은 설리번 선생님과 함께 책을 읽고 열심히 공부해서 어려움을 이겨 냈어요. 15

이후에 헬렌은 자신과 같은 어려움이 있는 **장애인**들에게 ㉡관심을 가지고 그들을 돕기 위한 일을 했어요. 우리가 헬렌 켈러를 훌륭한 사람으로 **기억**하게 된 것은 설리번 선생님이 끝까지 관심을 가지고 헬렌을 가르쳤기 때문이에요.

1
인물

이 글에서 중심이 되는 인물은 누구누구인지 쓰세요.

- ☐☐☐☐ 와 ☐☐☐ 선생님

2

내용 이해

이 글의 내용으로 알맞은 것은 무엇인가요? (   )

① 헬렌은 두 살 때 설리번 선생님을 만났다.

② 헬렌은 어른이 되어서 볼 수도 들을 수도 없게 되었다.

③ 설리번 선생님은 헬렌에게 물건의 이름을 큰 소리로 들려주었다.

④ 설리번 선생님은 헬렌이 심술을 부리자 가르치는 일을 포기했다.

⑤ 헬렌은 자신과 같은 어려움이 있는 장애인들을 돕기 위한 일을 했다.

3

적용

헬렌 켈러와 생각이 같은 친구를 찾아 ○표 하세요.

(1) 경호: 나는 키가 작기 때문에 아무리 노력해도 농구를 잘할 수는 없을 거야. 농구를

빨리 포기해야겠어.   ( )

(2) 은지: 피아노 연습이 너무 힘들어. 하지만 노력하면 훌륭한 피아니스트가 될 거라고

믿고 열심히 연습할 거야.   ( )

4

어휘

관계

㉠과 뜻이 비슷한 낱말로 알맞은 것은 무엇인가요? (   )

① 고통   ② 불안   ③ 실망

④ 심통   ⑤ 행복

5

어휘

적용

다음 빈칸에 ㉡을 넣었을 때 어울리는 것에 ○표 하세요.

(1) 현장 체험학습 때 비가 올까 봐 [   ]을 했다.   ( )

(2) 이웃끼리 [   ]을 가지고 서로 도우며 살아야 한다.   ( )

↓ 핵심어

관 關 – 관계하다 | 심 心 – 마음

관심

마음이 끌리는 것

어떤 것에 마음이 끌려 주의를 기울임. 또는 그런 마음이나 주의.

예 월드컵 대회가 가까워 오자 온 국민의 ❶□□이 축구에 쏠렸다.

답❶ (   )

확장

심 心 (마음)이 들어간 한자어

심술 심 心 – 마음 | 술 術 – 꾀

온당하지 아니하게 고집을 부리는 마음.

예 놀부는 흥부에게 온갖 못된 ❷□□을 부렸다.

☑ 비슷한 말 심통 마땅치 않게 여기는 나쁜 마음.

답❷ (   )

안심 안 安 – 편안하다 | 심 心 – 마음

모든 걱정을 떨쳐 버리고 마음을 편히 가짐.

예 친구랑 놀기 전에 숙제를 끝내야 ❸□□이 될 것 같다.

☑ 비슷한 말 안도 근심이나 불안이 없어져서 마음을 놓는 것.

답❸ (   )

이해 **다음 낱말의 뜻을 보기 에서 찾아 기호를 쓰세요.**

> 보기
>
> ㉠ 온당하지 아니하게 고집을 부리는 마음.
>
> ㉡ 모든 걱정을 떨쳐 버리고 마음을 편히 가짐.
>
> ㉢ 어떤 것에 마음이 끌려 주의를 기울임. 또는 그런 마음이나 주의.

1 관심　　　　　　　　　　　　　　　　　（　　　　　）

2 심술　　　　　　　　　　　　　　　　　（　　　　　）

3 안심　　　　　　　　　　　　　　　　　（　　　　　）

적용 **다음 낱말이 들어갈 문장을 찾아 선으로 이으세요.**

4　안심　•

5　심술　•

6　관심　•

• ㉮ 현승이는 곤충에 대해 (　　　　　)이 많다.

• ㉯ 나는 잔뜩 (　　　　　)이 나서 책상에 연필을 던졌다.

• ㉰ 체육 대회 날 날씨가 좋다는 일기 예보를 들으니 (　　　　　)이 된다.

심화 **7 다음 글에서 빈칸에 들어갈 알맞은 낱말은 무엇인가요? (　　　　)**

> 횡단보도를 건너는 것은 안전하다고 생각할 수 있어요. 하지만 횡단보도에서도 사고는 일어날 수 있기 때문에 무조건 [　　　　]해서는 안 돼요. 횡단보도를 건너기 전에 일단 멈추고 차가 오는지 양쪽을 다 확인한 후 건너야 해요.

① 실수　　　② 반복　　　③ 안심　　　④ 소망　　　⑤ 실망

핵심어

화재

화 火 – 불
재 災 – 재앙

불이 나는 재앙. 또는 불로 인한 재난.

- **사고** 뜻밖에 일어난 불행한 일.

- **대응** 어떤 상황을 맞이할 알 맞은 태도나 행동.

- **피해** 생명이나 신체, 재산, 명예 따위에 손해를 입음.

- **전기** (빛·열·동력 등을 일 으키는 일에 쓰는) 물질 안 에 있는 전자의 이동으로 생 기는 에너지.

- **전원** 전기 도구에 전기를 이 어 주는 장치.

- **요란한** 시끄럽고 떠들썩한.

- **피해요** 원치 않은 일을 당하 거나 어려운 처지에 놓이지 않도록 해요.

- **이용하면** 대상을 필요에 따 라 이롭게 쓰면.

화재를 막고 대응하는 방법

불 때문에 일어난 **사고**를 화재라고 해요. 화재가 일어나면 크게 다치거나 숨을 쉬지 못해 죽을 수 있고, 산이나 집이 불에 타서 모두 없어질 수도 있어요. 하지만 이렇게 무서운 화재도 ㉠미리 막을 수 있어요. 그리고 화재가 일어났을 때 안전하게 **대응**하면 **피해**도 줄일 수 있어요.

5

화재를 미리 막는 방법은 다음과 같아요. 첫째, **전기**를 사용하는 물건에 물이 묻지 않도록 조심해야 해요. 둘째, 가족들이 모두 밖에 나갈 때는 전기를 사용하는 물건의 플러그를 뽑거나 **전원**을 꺼야 해요. 셋째, 불꽃놀이 등은 어른과 같이 하고, 촛불과 같은 불을 가지고 장난을 치면 안 돼요.

10

화재가 일어나면 어떻게 해야 할까요? 제일 먼저 "⟨ ㉡ ⟩이야!" 하고 큰 소리로 외치거나 **요란한** 소리를 내서 다른 사람에게 화재가 일어난 것을 알려야 해요. 그리고 연기를 마시면 숨을 쉴 수 없으므로 젖은 수건이나 휴지로 코와 입을 막아야 해요. 연기는 위로 올라가기 때문에 서서 움직이지 않고 팔과 무릎으로 기어서 밖으로 **피해요**. 밖으로 피할 때 엘리베이터는 **이용하면** 안 되고 반드시 계단으로 나가야 해요. 안전하게 밖으로 나왔으면 119에 전화를 걸어 화재가 일어난 것을 알려요.

15

1

핵심어

이 글에서 가장 중심이 되는 낱말은 무엇인지 쓰세요.

2 화재가 일어났을 때 대응하는 방법으로 알맞은 것은 무엇인가요? (   )

내용 이해

① 똑바로 서서 빠르게 밖으로 피한다.

② 밖으로 피할 때는 엘리베이터를 이용한다.

③ 제일 먼저 요란한 소리로 화재가 일어난 것을 알린다.

④ 연기를 마시지 않게 마른 수건으로 코와 입을 막는다.

⑤ 집 안에서 먼저 119에 전화를 걸어 화재 신고를 한다.

3 화재를 미리 막는 방법을 잘 실천하고 있는 친구를 찾아 ○표 하세요.

적용

(1) 민혁: 머리를 감은 후, 젖은 손으로 드라이어를 만졌어.   (   )

(2) 설윤: 가족 여행을 가기 전에 안 쓰는 전자 제품의 전원을 꺼 놓았어.   (   )

4 어휘

㉠의 뜻으로 알맞은 것은 무엇인가요? (   )

뜻

① 어떤 일이 일어난 후.

② 어떤 일이 생기기 전에.

③ 어떤 것과 반대되는 쪽.

④ 어떤 일이 일어나게 하는 힘.

⑤ 어떤 것을 하지 못하게 하다.

5 어휘

'화재'와 비슷한 뜻으로 ㉡에 들어갈 알맞은 낱말은 무엇인가요? (   )

관계

① 물   ② 불   ③ 흙

④ 공기   ⑤ 햇빛

핵심어

화 火 – 불 | 재 災 – 재앙

화재

불이 나는 **재앙**

불이 나는 재앙. 또는 불로 인한 재난.

📝 가정에도 ❶ ☐☐ 에 대비하여 소화기를 두어야 한다.

☑ **비슷한 말 불** '화재'를 이르는 말.

답 ❶ (   )

확장

화 火 (불)가 들어간 한자어

화상   화 火 – 불 | 상 傷 – 상처

불이나 뜨거운 열이나 약품에 데어서 생긴 상처.

📝 ❷ ☐☐ 을 입으면 상처 난 곳을 빨리 찬물에 담가야 한다.

답 ❷ (   )

소화기   소 消 – 꺼지다 | 화 火 – 불 | 기 器 – 도구

불이 났을 때, 화학 물질을 퍼뜨려 불을 끄는 데에 쓰는 기구.

📝 화재가 났을 때 불을 끌 수 있도록 ❸ ☐☐☐ 사용 방법을 배웠다.

답 ❸ (   )

이해 다음 뜻에 해당하는 낱말을 보기 에서 찾아 쓰세요.

> 보기
>
> 화상   화재   소화기

1 불이 나는 재앙. 또는 불로 인한 재난.   (   )

2 불이나 뜨거운 열이나 약품에 데어서 생긴 상처.   (   )

3 불이 났을 때, 화학 물질을 퍼뜨려 불을 끄는 데에 쓰는 기구.

(   )

적용 다음 낱말이 들어갈 문장을 찾아 선으로 이으세요.

4 화재 ·

· ㉮ (   )은/는 사람들의 눈에 잘 띄는 곳에 두어야 한다.

5 화상 ·

· ㉯ 산에 갑작스럽게 불이 나 산속에 사는 동물들이 (   )을/를 입었다.

6 소화기 ·

· ㉰ (   )이/가 일어나지 않도록 평소에 전자 제품을 올바르게 사용해야 한다.

심화 **7** 다음 글에서 빈칸에 들어갈 알맞은 낱말은 무엇인가요? (   )

> [   ] 사용 방법은 다음과 같아요. 첫째, 불이 난 곳으로 가져간 후 손잡이에 있는 안전핀을 뽑아요. 둘째, 바람을 등지고 서서 호스를 불이 난 방향으로 향하게 해요. 셋째, 손잡이를 움켜쥐고 빗자루로 쓸듯이 골고루 쏘아요.

① 냉장고   ② 컴퓨터   ③ 전화기   ④ 세탁기   ⑤ 소화기

12

냉동

냉 冷 – 차다
동 凍 – 얼다

생선이나 고기 등을 상하지 않게 저장하기 위해 얼리는 것.

- **완보** 천천히 걸음. 또는 느린 걸음.
- **실험** 실제로 해 봄. 또는 그렇게 하는 일.
- **가능하게** 할 수 있거나 될 수 있게.
- **생김새** 생긴 모양새.
- **냉동실** 식품 따위를 얼려서 보관하는 곳.
- **얼렸다가** 액체나 물기가 있는 물체를 찬 기운에 의해 고체 상태로 굳어지게 했다가.
- **연구** 어떤 일이나 사물에 대하여 깊이 있게 조사하고 생각하여 진리를 따져보는 일.

☐☐ 실험에 이용하는 완보동물

채현: 삼촌, 어제 본 만화책에 사람을 ㉠냉동했다가 100년 후 다시 살리는 내용이 있었어요. 진짜 얼린 사람을 다시 살릴 수 있어요?

삼촌: 지금은 냉동된 사람을 다시 살리지 못해. 그렇지만 과학자들이 **완보**동물로 냉동 **실험**을 하고 있어서 언젠가는 **가능하게** 될 수도 있단다. 5

채현: 완보동물이요? 완보동물은 처음 들어 보는 동물이에요.

삼촌: 아주 느리게 걷는 동물이라는 뜻으로 완보동물이라고 불러. ㉡**생김새**가 물속을 헤엄치는 곰과 비슷하게 생겨서 물곰으로 부르기도 하지. 완보동물은 어린아이 손톱보다도 훨씬 크기가 작아. 10

채현: 그런데 왜 과학자들은 완보동물로 냉동 실험을 하는 걸까요?

삼촌: 완보동물은 아주 차갑거나 뜨거운 곳에서도 살 수 있다고 해. 그래서 **냉동실**에 넣어서 **얼렸다가** 꺼내거나 뜨거운 물에 담갔다가 꺼내도 살아 있지. 과학자들은 완보동물이 냉동해도 다시 15 살아나는 까닭을 찾아내고, 사람도 냉동했다가 살아나게 하는 것이 가능한지를 **연구**하고 있어.

채현: 만화책에서만 봤던 일들이 진짜로 일어날 수도 있다고 생각하니 가슴이 두근거려요!

---

1 **제목**

빈칸에 알맞은 낱말을 넣어 이 글의 제목을 완성하세요.

• ☐☐ 실험에 이용하는 완보동물

2
추론

이름으로 짐작할 수 있는 완보동물의 특징은 무엇인가요? (   )

① 크기가 작다.

② 헤엄을 잘 친다.

③ 잠을 많이 잔다.

④ 아주 느리게 걷는다.

⑤ 소리를 내지 않는다.

3
세부 내용

과학자들이 사람 대신 완보동물로 냉동 실험을 하는 까닭은 무엇인가요? (   )

① 완보동물의 크기가 아주 작기 때문에

② 완보동물을 물곰이라고 부르기 때문에

③ 완보동물의 생김새가 곰과 닮았기 때문에

④ 완보동물은 냉동해도 다시 살아나기 때문에

⑤ 완보동물은 뜨거운 곳에서도 살 수 있기 때문에

4
어휘
관계

㉠과 뜻이 비슷한 낱말로 알맞은 것에 ○표 하세요.

얼리다	녹이다	줄이다

5
어휘
뜻

다음 빈칸에 ㉡을 넣었을 때 어울리지 않는 것은 무엇입니까? (   )

① 그 아이는 [   ]가 귀엽다.

② 아빠와 나는 [   ]가 닮았다.

③ 사람들은 [   ]가 서로 다르다.

④ 아이스크림이 녹을까 봐 [   ]에 넣었다.

⑤ 친구와 나는 꼭 형제처럼 [   ]가 비슷하다.

↓ 핵심어

냉 冷 – 차다 | 동 凍 – 얼다

냉동

차갑게 얼림

생선이나 고기 등을 상하지 않게 저장하기 위해 얼리는 것.

예 ❶ ☐☐ 식품은 오랫동안 두고 먹을 수 있다.

☑ 반대되는 말 **해동** 얼었던 것이 녹는 것.

답 ❶ ( )

확장

냉 冷 (차다)이 들어간 한자어

냉수 냉 冷 – 차다 | 수 水 – 물

차가운 물.

예 날씨가 덥다고 ❷ ☐를 많이 마시면 배탈이 나기 쉽다.

☑ 비슷한 말 **찬물** 차가운 물.

☑ 반대되는 말 **온수** 따뜻한 물.

답 ❷ ( )

냉장고 냉 冷 – 차다 | 장 藏 – 지키다 | 고 庫 – 곳간

식품 등을 낮은 온도로 저장하기 위한 상자 모양의 전기 장치.

예 채소는 ❸ ☐☐☐ 안에 보관해야 싱싱하다.

답 ❸ ( )

이해 **다음 낱말과 뜻을 알맞게 선으로 이으세요.**

1 냉동 •

• ㉮ 차가운 물.

2 냉수 •

• ㉯ 생선이나 고기 등을 상하지 않게 저장하기 위해 얼리는 것.

3 냉장고 •

• ㉰ 식품 등을 낮은 온도로 저장하기 위한 상자 모양의 전기 장치.

적용 **빈칸에 들어갈 낱말을 보기 에서 찾아 쓰세요.**

보기

> 냉수   냉동   냉장고

4 아이스크림은 (   )실에 보관해야 녹지 않는다.

5 무더운 여름이라도 (   )(으)로 목욕을 하면 감기에 걸린다.

6 (   )이/가 발명되기 전에는 햇빛이 들어오지 않는 차가운 곳에 음식을 보관했다.

심화 **7** **다음 글에서 파란색으로 쓰인 낱말과 뜻이 반대되는 낱말을 찾아 기호를 쓰세요.**

> 화장실에서 물을 사용할 때는 뜨거운 물에 손을 데이지 않게 조심해야 해요. 냉수인 줄 알고 ㉠온수를 틀었다가 뜨거운 물에 데이는 ㉡사고를 당할 수도 있어요. 만약 뜨거운 물에 데였다면 ㉢찬물로 식혀 주고 깨끗한 수건으로 감싼 뒤 병원에 가도록 해요.

(   )

우리에게 도움을 주는 가축

　㉠가축은 사람들이 숲이나 들, 바다에 사는 동물들을 **길들여서** 집에서 키우는 동물을 말해요. 사람들은 ㉡개, 고양이, 돼지처럼 **온순한** 동물이나 새끼를 잘 낳는 동물, 적은 시간 동안 빨리 자라는 동물들을 길들여서 가축으로 키웠어요.

　사람들이 처음 가축으로 길들인 동물은 개예요. 개는 늑대를 길들인 것이라고 해요. 사람들은 어떻게 **사나운** 늑대를 길들였을까요? 힘이 약해서 먹이를 구하기 힘든 늑대가 사람들이 사는 곳으로 내려왔기 때문이에요. 사람들이 힘이 약한 늑대에게 먹이를 나누어 주며 길들이다가 가축으로 키우게 되었다고 해요.

　옛날 사람들은 **사냥**으로 고기를 얻었기 때문에 동물을 잡지 못하면 고기를 먹을 수 없었어요. 그런데 사람들이 닭, 돼지와 같은 가축을 키우면서부터 　㉢　을 하지 않아도 쉽게 고기를 얻을 수 있게 되었어요. 또 사람들은 양이나 소와 같은 가축에게서 우유를 얻게 되었고, 치즈도 만들 수 있게 되었어요. 말이나 당나귀를 키우면서 먼 길을 빨리 갈 수 있게 되었고, 무거운 짐도 가축이 대신 옮길 수 있게 되었어요. 지금도 눈 덮인 **지역**에서는 순록과 같은 가축이 사람들의 **이동**을 돕고 있어요. 이렇게 가축은 우리에게 여러 가지 도움을 주어요.

5

10

15

- **길들여서** 어떤 일에 익숙하게 하여서.
- **온순한** 성질이나 마음씨가 온화하고 양순한.
- **사나운** 성질이나 행동이 모질고 억센.
- **사냥** 총이나 활 또는 길들인 매나 올가미 따위로 산이나 들의 짐승을 잡는 일.
- **지역** 일정하게 구획된 어느 범위의 땅.
- **이동** 움직여 옮김. 또는 움직여 자리를 바꿈.

1
핵심어

이 글에서 가장 중심이 되는 낱말은 무엇인지 쓰세요.

2

세부 내용

가축으로 키우기 좋은 동물에 해당하는 것에 모두 ○표 하세요.

(1) 온순한 동물이어야 한다. ( )

(2) 새끼를 잘 낳는 동물이어야 한다. ( )

(3) 긴 시간 동안 천천히 자라는 동물이어야 한다. ( )

3

적용

이 글을 읽고 바르게 이해하지 <u>못한</u> 친구는 누구인가요? ( )

① 수진: 당나귀를 키우면서 사람이 무거운 짐을 옮기지 않았을 거야.

② 예나: 눈이 많이 오는 곳에서는 지금도 이동을 위해 순록을 키울 거야.

③ 연주: 돼지를 키우면서부터 고기를 얻기 위해 사냥을 더 많이 했을 거야.

④ 윤희: 소나 양에게서 우유를 얻었기 때문에 치즈를 만들 수 있었을 거야.

⑤ 호영: 말을 키우면서 멀리 떨어진 곳에 걸어가지 않고 말을 타고 갔을 거야.

4 어휘

관계

㉠과 ㉡ 두 낱말의 관계와 같게 짝 지은 것은 무엇인가요? ( )

① 꽃 – 장미   ② 여자 – 남자

③ 덥다 – 뜨겁다   ④ 가볍다 – 무겁다

⑤ 빗자루 – 쓰레받기

5 어휘

적용

㉢에 들어갈 말로 알맞은 것은 무엇인가요? ( )

① 시장   ② 장난   ③ 이동

④ 싸움   ⑤ 사냥

어휘 학습

동영상 강의

↓ 핵심어

가 家 – 집 | 축 畜 – 짐승

가축

집에서 기르는 짐승

(소·돼지·개처럼) 사람이 집에서 기르는 짐승.

예 할머니는 마당에서 닭, 오리, 개 등의 ❶ □□을 키우신다.

☑ 반대되는 말 **야생 동물** 산이나 들에서 저절로 나서 자라는 동물.

답❶ (   )

확장

가 家 (집)가 들어간 한자어

가족   가 家 – 집 | 족 族 – 무리

한곳에 모여 사는 부모와 그 자식들.

예 우리 ❷ □□은 부산에 살다가 작년에 서울로 이사 왔다.

☑ 비슷한 말 **식구** 한집에서 함께 살면서 끼니를 같이하는 사람.

답❷ (   )

가훈   가 家 – 집 | 훈 訓 – 가르치다

한집안에서 자손들을 가르치는 일정한 교육.

예 우리 가족이 함께 정한 ❸ □□은 '모든 일에 최선을 다하자.'이다.

답❸ (   )

이해   다음 낱말과 뜻을 알맞게 선으로 이으세요.

1   [가족]   •

• ㉮ 한곳에 모여 사는 부모와 그 자식들.

2   [가축]   •

• ㉯ 한집안에서 자손들을 가르치는 일정한 교육.

3   [가훈]   •

• ㉰ (소·돼지·개처럼) 사람이 집에서 기르는 짐승.

 적용   빈칸에 들어갈 낱말을 보기 에서 찾아 쓰세요.

> **보기**
>
> 가훈   가축   가족

4   소나 돼지는 (   )이다.

5   우리 (   )은 부모님, 오빠, 나 네 명이다.

6   선생님께서 우리 집안에서 내려오는 (   )을 알아 오라고 하셨다.

 심화   **7**   다음 글에서 파란색으로 쓰인 낱말과 뜻이 비슷한 낱말을 찾아 기호를 쓰세요.

> 대가족은 함께 사는 사람이 많은 ㉠가족을 말해요. 옛날에는 주로 ㉡농사를 짓고 살았기 때문에 대가족인 ㉢경우가 많았어요. 하지만 요즘에는 같은 식구라도 따로 떨어져 사는 경우가 많다고 해요.

(   )

14

결과

결 結 – 맺다
과 果 – 결과

어떤 원인으로 결말이 생김. 또는 그런 결말의 상태.

- **열매** 식물이 수정한 후 씨방이 자라서 생기는 것. 대개는 이 속에 씨가 들어 있다.
- **곡식** 사람의 식량이 되는 쌀, 보리, 콩, 조, 기장, 수수, 밀, 옥수수 따위를 통틀어 이르는 말.
- **전파** 공간으로 넓게 퍼지는 성질이 있어 주로 라디오 등의 무선 통신에 사용되는 전자 자기 파동.
- **방해** 남의 일을 간섭하고 막아 해를 끼침.
- **기온** 대기의 온도.
- **원인** 어떤 사물이나 상태를 변화시키거나 일으키게 하는 근본이 된 일이나 사건.
- **일회용품** 한 번만 쓰고 버리도록 되어 있는 물건.

⬜⬜⬜이 사라지면 나타나는 결과

꿀벌은 나무가 **열매**를 맺을 수 있도록 도와주어요. 열매는 우리가 먹는 과일과 **곡식** 등을 말해요. 그런데 지구에서 꿀벌이 점점 ㉠사라지고 있다고 해요. 꿀벌이 사라지면 우리가 먹을 과일이나 곡식과 같은 열매가 만들어지기 힘들어져서 사람들이 먹을 것이 줄어들어요. 그 ㉡결과로 사람까지 사라지게 될 수도 있어요.

5

꿀벌이 사라지는 까닭에는 여러 가지가 있어요. 첫째, 핸드폰 등의 **전파**가 일하러 나간 꿀벌들이 집을 찾는 것을 **방해**하기 때문이에요. 집으로 돌아오지 못한 꿀벌들은 살 수가 없게 돼요. 둘째, 지구가 더러워지면서 지구의 **기온**이 높아졌기 때문이에요. 높아진 기온 때문에 꿀벌이 살기 힘들게 되었어요. 셋째, 사람들이 과일이나 곡식이 잘 자라도록 약을 사용하는데, 이 약이 꿀벌에게는 좋지 않기 때문이에요. 이 약 때문에 꿀벌은 과일이나 곡식 등이 열매를 맺도록 돕다가 결국 죽게 돼요. 이러한 **원인** 외에도 많은 꿀벌이 한꺼번에 병에 걸려서 사라지는 일도 있어요.

10

많은 나라들이 꿀벌을 지키기 위해서 노력하고 있어요. 꿀벌을 지키는 일이 사람을 지키는 일이기 때문이에요. 꿀벌을 지키기 위해 우리 스스로 할 수 있는 일은 쓰레기를 함부로 버리지 않고, 물건은 아껴 쓰고, **일회용품** 사용을 줄이는 것이에요. 다 같이 꿀벌을 지켜서 우리도 지켜 보아요.

15

1

제목

빈칸에 알맞은 낱말을 넣어 이 글의 제목을 완성하세요.

• ⬜⬜이 사라지면 나타나는 결과

2

글의 특징

이 글에 대한 설명으로 알맞은 것은 무엇인가요? (   )

① 꿀벌이 일하러 나갔다가 집을 찾는 방법을 알려 주고 있다.

② 꿀벌이 사라지는 까닭과 꿀벌을 지키는 방법을 설명하고 있다.

③ 꿀벌을 지키기 위해 쓰레기를 분류하는 방법을 알려 주고 있다.

④ 꿀벌이 한꺼번에 병에 걸렸을 때 사용하는 약에 대해 알려 주고 있다.

⑤ 꿀벌이 나무가 열매를 맺을 수 있게 돕는 과정을 자세히 알려 주고 있다.

3

적용

이 글을 읽고 바르게 이해한 친구를 찾아 ○표 하세요.

(1) 승준: 꿀은 맛도 있고 몸에도 좋으니까 많이 먹을 거야. 그러면 꿀벌이 다시 많아지

겠지?   (   )

(2) 유진: 지구가 더러워지면서 지구의 기온이 높아졌기 때문에 꿀벌들이 사라지고 있

어. 이제부터 쓰레기를 함부로 버리지 말아야겠어.   (   )

4 어휘

관계

㉠과 바꾸어 쓸 수 있는 말은 무엇인가요? (   )

① 살고   ② 커지고   ③ 나타나고

④ 많아지고   ⑤ 없어지고

5 어휘

관계

㉡과 뜻이 반대되는 낱말로 알맞은 것에 ○표 하세요.

원칙	원인	결석

↓ 핵심어

결 結 – 맺다 | 과 果 – 결과

결과

어떤 원인 때문에 **생긴 일**

어떤 원인으로 결말이 생김. 또는 그런 결말의 상태.

예 매일 수영 연습을 열심히 한 ❶☐☐로 자유형을 잘할 수 있게 되었다.

☑ 반대되는 말 **원인** 어떤 결과나 현상을 생기게 하는 요소.

답 ❶ ( )

확장

결 結(맺다)이 들어간 한자어

결국 결 結 – 맺다 | 국 局 – 판

일이 마무리되는 마지막.

예 '열 번 찍어 아니 넘어가는 나무 없다'는 '아무리 뜻이 굳은 사람이라도 여러 번 권하면 ❷☐☐은 마음이 변한다.'라는 뜻의 속담이다.

답 ❷ ( )

결혼 결 結 – 맺다 | 혼 婚 – 혼인하다

남자와 여자가 정식으로 부부가 되는 것.

예 우리 부모님께서는 ❸☐☐하신 지 올해로 10주년이 되었다.

☑ 비슷한 말 **혼인** 남자와 여자가 부부가 되는 일.

답 ❸ ( )

이해 다음 낱말의 뜻을 보기 에서 찾아 기호를 쓰세요.

> 보기
> ㉠ 일이 마무리되는 마지막.
> ㉡ 남자와 여자가 정식으로 부부가 되는 것.
> ㉢ 어떤 원인으로 결말이 생김. 또는 그런 결말의 상태.

1 결과 ( )

2 결국 ( )

3 결혼 ( )

적용 다음 낱말이 들어갈 문장을 찾아 선으로 이으세요.

4 결과 •

5 결국 •

6 결혼 •

㉮ 신랑과 신부가 ( ) 반지를 나누어 가졌다.

㉯ 거북은 토끼와 달리기 시합에서 ( )에는 이겼다.

㉰ 형은 열심히 노력한 ( )(으)로 좋은 성적을 받게 되었다.

심화 **7** 다음 글에서 빈칸에 들어갈 알맞은 낱말은 무엇인가요? ( )

> 올봄에 이모가 이모의 남자 친구와 [   ]을/를 한다고 해요. 하얀 웨딩 드레스를 입은 이모의 모습이 무척 기대되어요. 이모는 조카인 나를 가장 귀여워해 준 분이라서 이모가 행복해하는 모습을 보니 나도 좋아요.

① 입학   ② 졸업   ③ 결혼   ④ 수업   ⑤ 등교

한국 민속촌 체험학습을 간 날

체험

체 體 – 몸
험 驗 – 시험
직접 겪은 일.

지난주 금요일에 학교에서 한국 민속촌으로 체험학습을 갔다. 한국 민속촌은 옛날 우리나라 사람들이 어떻게 살았는지를 볼 수 있고, 여러 가지 **민속놀이**도 ㉠체험할 수 있는 곳이었다.

먼저 우리는 옛날 우리나라 사람들이 살던 집을 ㉡구경했다. 민속촌에는 **기와집**과 **초가집** 등이 있었는데, 기와집은 양반들이 살았던 집이고 초가집은 백성들이 살았던 집이라고 했다. 집을 구경하다 보니 사람들이 한곳에 모여 있는 것이 보였다. 그쪽으로 갔더니 한복을 입은 신랑과 신부가 옛날 방법으로 결혼식을 하고 있었다. 텔레비전에서만 보던 옛날 결혼식을 실제로 보니 신기했다. 또 몸집이 작은 **광대**가 나무와 나무 사이에 줄을 걸고 그 위에서 줄을 타는 것도 보았다. 줄타기까지 보고 나서 우리는 **투호** 던지기, **널뛰기** 등 민속놀이를 체험했다.

민속촌 체험학습에서 가장 기억에 남는 것은 곤장이었다. 곤장은 옛날에 나쁜 짓을 한 사람을 엎드려 눕혀 놓고 엉덩이를 넓은 나무 막대기로 때리는 벌이다. 곤장을 맞던 옛날 사람들 모습을 생각하니 **우스꽝스럽기도** 하고 무섭기도 했다. 한국 민속촌은 여러 가지 볼 것이 많고 체험할 것이 많아서 정말 재미있었다. 다음에는 가족과 함께 또 가고 싶다.

5

10

15

- **민속놀이** 보통 사람들의 생활과 풍속이 잘 나타나 있는, 민간에 전하여 내려오는 놀이.
- **기와집** 지붕을 기와로 만든 집.
- **초가집** 짚이나 갈대 따위로 지붕을 만든 집.
- **광대** 가면극, 인형극, 줄타기, 땅재주, 판소리 등을 직업으로 하던 사람.
- **투호** 조금 떨어진 곳에 놓인 병 속으로 화살을 던져, 많이 넣는 편이 이기는 놀이.
- **널뛰기** 긴 널빤지의 중간을 괴어 놓고 양쪽 끝에 한 사람씩 올라서서 번갈아 뛰어오르는 놀이.
- **우스꽝스럽기도** 말이나 행동, 모습 따위가 특이하여 우습기도.

1 대상

이 글은 무엇에 대한 글인지 쓰세요.

• 한국 민속촌 ☐☐ 학습

2

글의 특징

이 글의 특징으로 알맞은 것은 무엇인가요? (   )

① 한국 민속촌을 소개하는 글이다.

② 민속놀이에 대한 책을 읽고 쓴 글이다.

③ 한국 민속촌으로 체험학습을 가자는 의견을 쓴 글이다.

④ 체험학습을 다녀와서 보고, 듣고, 느낀 점을 쓴 글이다.

⑤ 옛날 우리나라 사람들이 살았던 모습을 설명하는 글이다.

3

세부 내용

한국 민속촌에 대한 설명으로 알맞지 <u>않은</u> 것은 무엇인가요? (   )

① 널뛰기를 체험할 수 있다.

② 줄타기를 직접 해 볼 수 있다.

③ 옛날 결혼식을 실제로 볼 수 있다.

④ 기와집과 초가집을 구경할 수 있다.

⑤ 옛날 우리나라 사람들이 어떻게 살았는지 볼 수 있는 곳이다.

4

어휘

적용

다음 빈칸에 ㉠을 넣었을 때 어울리는 것에 ○표 하세요.

(1) 20년 후 나의 모습을 [   ]하여 그림으로 그렸다.　　　　　　(   )

(2) 소방서에서 소방복을 입어 보고 불도 끄며 다양한 [   ]을 했다.　　(   )

5

어휘

뜻

㉡의 뜻으로 알맞은 것은 무엇인가요? (   )

① 책을 읽음.

② 즐거운 기분이나 느낌.

③ 흥미나 관심을 가지고 봄.

④ 예전에 있었던 일을 생각함.

⑤ 믿을 수 없을 정도로 놀라움.

체 體 – 몸 | 험 驗 – 시험

체험

몸으로 경험함

직접 겪은 일.

예 지호는 동물원에서 양에게 먹이 주기 ❶ ☐ 을 했다.

답 ❶ (   )

확장

체 體(몸)가 들어간 한자어

체구   체 體 – 몸 | 구 軀 – 몸

몸의 크기.

예 나는 ❷ ☐ 는 작지만, 힘은 세다.

☑ **비슷한 말 덩치** 몸집의 크기.

답 ❷ (   )

체조   체 體 – 몸 | 조 操 – 단련하다

몸의 단련과 건강을 위하여 일정한 방식으로 몸을 움직이는 운동.

예 할아버지께서는 건강을 위해서 매일 아침 마당에서 30분 동안 ❸ ☐ 를 하신다.

답 ❸ (   )

이해

다음 낱말과 뜻을 알맞게 선으로 이으세요.

1 체구 ·

· ㉮ 몸의 크기.

2 체조 ·

· ㉯ 직접 겪은 일.

3 체험 ·

· ㉰ 몸의 단련과 건강을 위하여 일정한 방식으로 몸을 움직이는 운동.

적용

빈칸에 들어갈 낱말을 보기 에서 찾아 쓰세요.

보기

| 체구 | 체조 | 체험 |

4 나는 이번 여행에서 ( )했던 것을 일기에 적었다.

5 자기 전에 간단한 ( )을/를 하면 깊은 잠을 자는 데 도움이 된다.

6 아프리카에 살고 있는 피그미족은 ( )이/가 작아서 난쟁이라는 별명으로 불리기도 한다.

심화

7 다음 글에서 빈칸에 들어갈 알맞은 낱말은 무엇인가요? ( )

> 맨손 □□□는 건강을 위하여 몸을 움직이는 운동이에요. 도구나 기구 없이 맨손으로 하는 비교적 가벼운 운동이지요. 하루에 10분 정도만 해도 바른 자세와 건강한 몸을 가지는 데 도움이 되어요.

① 축구 ② 야구 ③ 농구 ④ 체조 ⑤ 피구

16

핵심어

온도

온 溫 – 따뜻하다
도 度 – 정도

덥거나 찬 정도. 또는 그 정도를 나타내는 숫자.

- **에어컨** 여름에 실내 공기의 온도, 습도를 조절하는 장치.
- **보일러** 물을 가열하여 고온, 고압의 증기나 온수를 발생시키는 장치.
- **유지** 어떤 상태나 상황을 그대로 보존하거나 변함없이 계속하여 지탱함.
- **때면** 아궁이 따위에 불을 지피어 타게 하면.
- **짚** 벼, 보리, 밀, 조 따위의 이삭을 떨어낸 줄기와 잎.
- **단단해질** 어떤 힘을 받아도 쉽게 그 모양이 변하거나 부서지지 아니할.

알맞은 온도에서 지낼 수 있는 한옥

옛날 우리나라 사람들이 살던 집을 한옥이라고 불러요. 한옥은 여름에는 시원하게, 겨울에는 따뜻하게 지낼 수 있게 지어졌어요. 옛날 사람들은 어떻게 여름에 **에어컨** 없이 시원하게, 겨울에 **보일러** 없이 따뜻하게 ㉠온도가 **유지**되는 집을 지었을까요?

첫째, 마루와 온돌 덕분이에요. 마루는 방과 방 사이에 땅바닥과 띄어서 나무를 깔아 만든 곳이에요. 마루와 땅바닥 사이로 바람이 지나가면서 시원하게 해 주어요. 온돌은 방바닥에 큰 돌을 놓고 흙으로 덮은 후 부엌에서 불을 **때면** 연기가 방바닥의 돌 밑으로 지나가게 만든 것이에요. 방바닥에 뜨거운 연기가 지나가면서 방을 따뜻하게 해 주어요.

둘째, 나무와 흙으로 만든 벽 덕분이에요. 한옥의 벽은 나무로 뼈대를 만들고 벽을 바르는 흙에 **짚**과 같은 풀을 섞었어요. 이렇게 풀을 섞으면 벽이 **단단해질** 뿐 아니라 날씨가 더울 때 천천히 데워지고, 날씨가 추울 때 천천히 식어요. 그래서 사람이 살기에 알맞은 온도를 유지해 주어요.

셋째, 지붕 덕분이에요. 한옥의 지붕은 벽보다 조금 더 바깥으로 나와 있어요. 그래서 여름에 햇빛이 방이나 마루로 들어오는 것을 막아 주어요. 또 겨울에 지붕 위에서 부는 찬 바람이 집 안으로 들어오는 것을 막아 주어요.

5

10

15

1

설명 대상

이 글에서 설명하는 것은 무엇인지 쓰세요.

☐ ☐

2 이 글의 내용으로 알맞은 것은 무엇인가요? ( )

내용 이해

① 한옥의 벽은 단단하지 않다.

② 한옥은 땅바닥에 붙여서 마루를 만들었다.

③ 한옥은 겨울에는 따뜻하지만 여름에는 덥다.

④ 한옥은 옛날 우리나라 사람들이 살던 집이다.

⑤ 한옥의 지붕은 벽보다 조금 더 안으로 들어가 있다.

3 한옥이 여름에는 시원하고 겨울에는 따뜻한 까닭으로 알맞지 <u>않은</u> 것은 무엇인가요?

세부 내용

( )

① 지붕이 찬 바람을 막지 않아서 항상 시원하다.

② 마루와 땅바닥 사이로 바람이 지나가면서 시원하게 해 준다.

③ 부엌에서 불을 때면 방바닥에 뜨거운 연기가 지나가면서 방을 따뜻하게 해 준다.

④ 벽은 흙과 풀을 섞어 발라서 날씨가 더울 때 천천히 데워지고 날씨가 추울 때 천천히 식는다.

⑤ 지붕이 벽보다 조금 더 바깥으로 나와서 여름에 햇빛이 방이나 마루로 들어오는 것을 막아 준다.

4 ㉠의 뜻으로 알맞은 것은 무엇인가요? ( )

어휘
뜻

① 덥거나 찬 정도.

② 높거나 낮은 정도.

③ 힘들거나 쉬운 정도.

④ 가볍거나 무거운 정도.

⑤ 딱딱하거나 부드러운 정도.

5 다음 빈칸에 들어갈 알맞은 낱말에 ○표 하세요.

어휘
적용

> 서양의 벽난로는 그 주변에만 열기가 퍼져 공기만 조금 따뜻해지지만, 우리나라의 (마루, 온돌)은 따뜻한 열기가 아래부터 위까지 골고루 퍼져 방바닥 전체가 오랫동안 따뜻해요.

어휘학습

↓ 핵심어

온 溫 – 따뜻하다 | 도 度 – 정도

온도

따뜻한 정도

덥거나 찬 정도. 또는 그 정도를 나타내는 숫자.

예 교실의 ❶◻◻가 높아서 에어컨을 켰다.

답❶ ( )

확장

온 溫 (따뜻하다)이 들어간 한자어

온기 온 溫 – 따뜻하다 | 기 氣 – 기운

따뜻한 기운.

예 불 앞에 있으니 차갑던 몸에 다시 ❷◻가 돌기 시작했다.

☑ 반대되는 말 **냉기** 찬 기운.

답❷ ( )

온돌 온 溫 – 따뜻하다 | 돌 堗 – 굴뚝

불을 때거나 더운물·전기 등으로 바닥을 덥게 한 방, 또는 그런 장치.

예 날씨가 추워서 따뜻한 ❸◻방에 이불을 깔고 누웠다.

답❸ ( )

이해 다음 뜻에 해당하는 낱말을 보기 에서 찾아 쓰세요.

> 보기
>
> 온기   온도   온돌

1 따뜻한 기운.   (   )

2 덥거나 찬 정도. 또는 그 정도를 나타내는 숫자.   (   )

3 불을 때거나 더운물·전기 등으로 바닥을 덥게 한 방, 또는 그런 장치.

                                                   (   )

적용 다음 낱말이 들어갈 문장을 찾아 선으로 이으세요.

4   온기   ·   · ㉮ 체온은 몸의 (   )을/를 말한다.

5   온도   ·   · ㉯ 이곳은 너무 추워서 (   )이/가 하나도
                                   느껴지지 않는다.

6   온돌   ·   · ㉰ 추울 때 (   )로 데워진 바닥에 앉으면
                                   따뜻해서 기분이 좋다.

심화 **7** 다음 글에서 파란색으로 쓰인 낱말과 뜻이 반대되는 낱말을 찾아 기호를 쓰세요.

> ㉠여름이 오면 우리는 냉장고에서 시원한 얼음을 꺼내 먹어요. 냉장고가 없던 옛날에는 얼음을 넣어 두던 창고인 석빙고에 얼음을 ㉡저장했다고 해요. 석빙고는 ㉢온기가 들어오는 것은 막고 냉기는 오랫동안 머물도록 만들어졌기 때문이에요. 그래서 겨울에 강이 얼면 얼음덩어리를 잘라서 석빙고에 넣어 두었다가 여름에 사용했답니다.

                                                   (   )

육식 공룡과 초식 공룡

공룡은 아주 먼 옛날에 지구에 살던 **파충류**예요. 하지만 바닥에 붙어서 걷는 다른 파충류와 달리 공룡은 두 다리나 네 다리를 이용해 똑바로 서서 걸었다고 해요. 악어나 도마뱀과 같은 파충류는 다리가 'ㄱ'자 모양이지만, 공룡은 다리가 'ㅣ'자 모양이기 때문이에요. 아쉽게도 공룡은 오래전에 다 사라져서 지금은 볼 수 없어요. 5

공룡은 먹이에 따라 **육식** 공룡과 초식 공룡으로 나눌 수 있어요. 육식 공룡은 다른 동물을 사냥해 먹이로 잡아먹었던 공룡이에요. 그래서 육식 공룡은 날카로운 발톱과 뾰족한 이빨을 가지고 있었어요. 또 육식 공룡은 눈이 좋아서 사냥할 동물을 쉽게 찾을 수 있었어요. **몸집**이 작은 육식 공룡은 여럿이 함께 다니며 사냥했기 때문에 큰 동 10 물도 잡을 수 있었다고 해요.

초식 공룡은 들판의 풀과 열매를 먹이로 먹었던 공룡이에요. 목이 긴 초식 공룡은 주로 나무 위에 달린 열매를 따 먹었어요. 초식 공룡은 육식 공룡에게 잡아먹히지 않기 위해 늘 ⃞ ㉠ ⃞ 살피며 **긴장**을 했어요. 초식 공룡의 눈은 뒷부분까지 볼 수 있어서 육식 공룡이 15 어디에 있는지 살펴볼 수 있었다고 해요. 또 자신을 지키기 위해 뾰족한 침, 튼튼한 뿔, 단단한 **갑옷** 등이 몸에 달린 초식 공룡도 있었답니다.

- **파충류** 거북·악어·뱀처럼 척추동물로, 주로 땅 위에 살며 피부는 비늘로 덮여 있고 폐로 숨 쉬며, 대부분 알에서 깨어나는 동물.
- **육식**(고기 肉, 먹을 食) 사람이 음식으로 고기를 먹는 것. 또는 동물이 다른 동물의 고기를 먹이로 하는 것.
- **몸집** 몸의 부피.
- **긴장** 마음을 조이고 정신을 바짝 차림.
- **갑옷** 예전에, 싸움을 할 때 적의 창이나 칼이나 화살을 막기 위하여 입던 옷.

1

설명 대상

이 글에서 설명하는 것은 무엇인지 쓰세요.

- 육식 공룡과 ⃞ ⃞ 공룡의 특징

2

세부 내용

육식 공룡과 초식 공룡에 대한 설명으로 알맞은 것의 기호를 각각 쓰세요.

> ㉮ 다른 동물을 먹이로 잡아먹었다.
> ㉯ 들판의 풀과 열매를 먹이로 먹었다.
> ㉰ 뒷부분까지 볼 수 있는 눈이 있었다.
> ㉱ 날카로운 발톱과 뾰족한 이빨을 가지고 있었다.

(1) 육식 공룡 ( )

(2) 초식 공룡 ( )

3

추론

이 글을 통해 답을 알 수 있는 질문으로 알맞지 <u>않은</u> 것은 무엇인가요? ( )

① 초식 공룡의 먹이는 무엇이었을까?

② 공룡이 사라진 까닭은 무엇이었을까?

③ 몸집이 작은 육식 공룡은 어떻게 사냥했을까?

④ 목이 긴 초식 공룡은 먹이를 어떻게 먹었을까?

⑤ 공룡이 다른 파충류와 다르게 똑바로 서서 걸을 수 있었던 까닭은 무엇일까?

4 어휘

뜻

아래 내용을 뜻하는 낱말을 본문에서 찾아 쓰세요.

> 음식으로 고기를 먹음.

5 어휘

적용

㉠에 들어갈 말로 알맞지 <u>않은</u> 것은 무엇인가요? ( )

① 주위를   ② 시간을

③ 주변을   ④ 근처를

⑤ 사방을

↓ 핵심어

초 草 – 풀 | 식 食 – 먹다

초식

풀만 먹는 것

(짐승이) 풀만 먹는 것.

예 코끼리의 이빨은 ❶ ☐☐ 을 하기에 알맞은 모양이다.

☑ 반대되는 말 **육식** 동물이 다른 동물의 고기를 먹이로 하는 일.

답 ❶ (   )

확장

초 草 (풀)가 들어간 한자어

초원 초 草 – 풀 | 원 原 – 언덕

풀이 나 있는 들판.

예 젖소들이 ❷ ☐☐ 에서 풀을 뜯고 있다.

답 ❷ (   )

초록색 초 草 – 풀 | 록 綠 – 초록빛 | 색 色 – 색채

짙은 풀의 빛깔과 같은 색. 초록.

예 숲을 그릴 때는 ❸ ☐☐☐ 크레파스를 많이 사용한다.

☑ 비슷한 말 **녹색** 파랑과 노랑의 중간 색깔. 초록색.

답 ❸ (   )

이해 다음 낱말의 뜻을 보기 에서 찾아 기호를 쓰세요.

> 보기
> ㉠ 풀이 나 있는 들판.
> ㉡ (짐승이) 풀만 먹는 것.
> ㉢ 짙은 풀의 빛깔과 같은 색. 초록.

1 초원 ( )

2 초식 ( )

3 초록색 ( )

적용 다음 낱말이 들어갈 문장을 찾아 선으로 이으세요.

4 초식 • • ㉮ 시금치의 잎은 짙은 ( )이다.

5 초원 • • ㉯ 아프리카 ( )에는 많은 동물이 산다.

6 초록색 • • ㉰ ( ) 동물들은 육식 동물을 피하기 위해 빠르고 오래 달릴 수 있다.

심화 **7** 다음 글에서 빈칸에 들어갈 알맞은 낱말은 무엇인가요? ( )

> ☐ 동물은 주로 풀을 먹고 살아요. 이 동물들의 이빨은 크고 넓적해 풀을 먹기 편하게 되어 있어요. 또, 음식물을 소화하는 위를 세 개 혹은 네 개까지 가지고 있는 동물도 있어서 질긴 풀도 완전히 소화시킬 수 있다고 해요.

① 육식   ② 음식   ③ 초식   ④ 간식   ⑤ 소식

18

소망

소 所 – 것
망 望 – 바라다
바라는 것. 또는 희망하는
것.

- **한자** 고대 중국에서 만들어져 오늘날에도 쓰이고 있는 표의 문자.
- **억울한** 아무 잘못 없이 꾸중을 듣거나 벌을 받거나 하여 분하고 답답한.
- **담아** (생각이나 내용을 글이나 그림 등에) 나타내어. 들어 있게 하여.
- **자음자**(아들 자 子, 소리 음 音, 글자 자 字) 'ㄱ, ㄴ, ㄷ, ㄹ, ㅁ, ㅂ, ㅅ, ㅇ, ㅈ, ㅊ, ㅋ, ㅌ, ㅍ, ㅎ'과 같은 글자.
- **모음자**(어머니 모 母, 소리 음 音, 글자 자 字) 'ㅏ, ㅑ, ㅓ, ㅕ, ㅗ, ㅛ, ㅜ, ㅠ, ㅡ, ㅣ'와 같은 글자.
- **본떠** 이미 있는 대상을 본으로 삼아 그대로 좇아 만들어.
- **칭찬** 좋은 점이나 착하고 훌륭한 일을 높이 평가함. 또는 그런 말.

☐☐ 대왕의 소망이 담긴 한글

　1443년 세종 대왕은 글자를 만들고, '백성을 가르치는 바른 소리'라는 뜻이 담긴 '훈민정음'이라는 이름을 붙였어요. 이 훈민정음이 오늘날 우리나라가 쓰고 있는 글자인 한글이에요.

　세종 대왕이 한글을 만들기 전 우리나라에는 글자가 없어서 중국의 글자인 **한자**를 빌려 글을 썼어요. 그런데 한자는 배우기 어려운 글자라서 먹고살기 바쁜 백성들은 글을 읽거나 쓰지 못했지요. 세종 대왕은 서로 편지도 주고받지 못하고, 글을 몰라 **억울한** 일을 겪기도 하는 백성들을 ☐㉠☐ 생각했어요. 그래서 백성들이 쉽게 글을 배울 수 있게 되기를 바라는 ㉡소망을 **담아** 누구나 쉽게 읽고 쓸 수 있는 글자를 만든 것이에요.

　한글에는 **자음자**와 **모음자**가 있는데, 자음자는 사람의 목에서 소리가 나는 모양을 **본떠** 만들었어요. 예를 들어 자음자 'ㄱ'은 혀끝이 목구멍을 막는 모양을 본뜬 것이에요. 모음자는 하늘과 땅, 사람의 모양을 본떠 만들었어요. 예를 들어 모음자 'ㅣ'는 곧게 서 있는 사람의 모양을 본뜬 거예요.

　한글은 세계의 어떤 글자보다 배우기 쉽고 쓰기 쉽게 만들어졌어요. 한글 덕분에 지금 우리나라 사람 대부분은 글자를 읽고 쓸 수 있지요. 다른 나라에서도 '한글은 전 세계에서 가장 단순하면서도 가장 훌륭한 글자'라고 **칭찬**을 하기도 했답니다.

5

10

15

---

1 제목

　빈칸에 알맞은 낱말을 넣어 이 글의 제목을 완성하세요.

・☐☐ 대왕의 소망이 담긴 한글

2 글쓴이가 이 글을 쓴 까닭은 무엇인가요? (   )

의도

① 한글의 부족한 점을 말하려고

② 한자를 배워야 하는 까닭을 말하려고

③ 세종 대왕이 한 일이 옳았는지를 물어보려고

④ 다른 나라 사람들도 한글을 배워야 한다고 말하려고

⑤ 세종 대왕이 한글을 만든 까닭과 한글의 특징을 알려 주려고

3 다음 빈칸에 들어갈 알맞은 낱말에 ○표 하세요.

세부 내용

> 세종 대왕은 한자를 배우지 못해 글을 읽거나 쓰지 못하는 (양반, 백성)들을 위해 누구나 쉽게 읽고 쓸 수 있는 글자인 한글을 만들었어요.

4 어휘

㉠에 들어갈 말로 알맞지 <u>않은</u> 낱말은 무엇인가요? (   )

뜻

① 딱하게

② 부럽게

③ 가엾게

④ 애처롭게

⑤ 안타깝게

5 ㉡과 뜻이 비슷한 낱말은 무엇인가요? (   )

관계

① 원망   ② 전망   ③ 실망

④ 소원   ⑤ 사랑

소 **所** – 것 | 망 **望** – 바라다

소망

어떤 일을 **바라는 것**

바라는 것. 또는 희망하는 것.

예 나는 소원이 이루어지기를 간절히 ❶☐☐했다.

☑ **비슷한 말 소원** 이루어지기를 바라는 일.

답 ❶ (   )

확장

소 **所** (1. 일의 방법 2. 것)가 들어간 한자어

소문 소 **所** – 것 | 문 **聞** – 들리다

사실인지 거짓인지 모르지만 사람들 사이에 널리 퍼진 말이나 소식.

예 우리 학교에 새로운 선생님이 오신다는 ❷☐☐이 퍼졌다.

답 ❷ (   )

소용 소 **所** – 것 | 용 **用** – 쓰다

이익이나 쓸모가 있는 것.

예 사람이 많아도 그 일을 할 수 있는 사람이 없으면 아무 ❸☐☐이 없다.

답 ❸ (   )

이해 **다음 낱말과 뜻을 알맞게 선으로 이으세요.**

1 　소망　 •

• ㉮ 이익이나 쓸모가 있는 것.

2 　소문　 •

• ㉯ 바라는 것. 또는 희망하는 것.

3 　소용　 •

• ㉰ 사실인지 거짓인지 모르지만 사람들 사이에 널리
　　퍼진 말이나 소식.

적용 **빈칸에 들어갈 낱말을 보기 에서 찾아 쓰세요.**

> 보기
>
> 소망　　　　　소문　　　　　소용

4 (　　　　　　　　)은 빠르게 퍼지므로 말을 신중히 해야 한다.

5 이미 지각이기 때문에 뛰어가도 아무 (　　　　　　　　)이 없다.

6 새해를 맞이하여 올해 이루고 싶은 (　　　　　　　　)을 적어 보았다.

심화 **7** **다음 글에서 빈칸에 들어갈 알맞은 낱말은 무엇인가요? (　　　　)**

> 　매년 1월 1일이 되면 떠오르는 해를 보면서 이루어졌으면 하는 [　　　]
> 을/를 비는 사람들이 많아요. 그래서 해가 떠오르는 모습이 아름답기로 이름
> 난 장소로 사람들이 많이 모여들어요. 사람들은 떠오르는 해를 보며 새해에
> 도 행복하고 즐거운 일이 많이 생기기를 기대해요.

① 소감　　　② 소망　　　③ 소개　　　④ 소식　　　⑤ 소통

19

핵심어

발명

발 發 - 드러내다
명 明 - 밝히다

아직까지 없던 기술이나 물건을 새로 생각하여 만들어 냄.

- **발명가** 아직까지 없던 기술이나 물건을 새로 생각하여 만들어 내는 일을 전문적으로 하는 사람.

- **방법** 어떤 일을 해 나가거나 목적을 이루기 위하여 취하는 수단이나 방식.

- **돌보던** 관심을 가지고 보살피던.

- **주름** 가닥을 접어서 줄이 지게 한 것.

- **호기심** 새롭고 신기한 것을 좋아하거나 모르는 것을 알고 싶어 하는 마음.

- **도전** 어려운 사업이나 기록 경신 따위에 맞섬을 비유적으로 이르는 말.

☐☐☐은 어떻게 할까요?

　㉠발명은 세상에 없었던 ㉡새로운 것을 만들어 내는 것이에요. 미국의 **발명가** 에디슨이 어두운 곳을 환하게 만들어 주는 전구를 만들어 낸 것이 바로 발명이지요. 그렇다면 발명은 어떻게 하는지 알아볼까요?

　첫째, 더하거나 빼는 **방법**이 있어요. 화가가 꿈이었던 하이만은 그림을 그릴 때 자주 지우개를 잃어버렸어요. 그래서 지우개를 잃어버리지 않을 방법을 찾다가 연필에 지우개를 더해서 지우개가 달린 연필을 발명하게 되었어요.　　　　　　　　　　　　5

　둘째, 모양을 바꾸는 방법이 있어요. 아픈 아들을 **돌보던** 엄마는 아들이 침대에 누워서도 물을 편하게 마실 수 있는 방법을 찾고 싶었어요. 여러 가지 방법을 생각하다가 곧은 빨대에 **주름**을 넣어 구부릴 수 있는 주름 빨대를 발명하게 되었어요.　　　　　　　　　10

　셋째, 크기를 바꾸는 방법이 있어요. 원래 물건의 크기를 줄이거나 키워서 새로운 것을 발명하는 방법이지요. 벽시계의 크기를 줄여서 손목에 찰 수 있게 만든 손목시계가 이러한 방법으로 발명되었어요.　15

　발명하는 방법은 다양하지만, 그 시작은 작은 **호기심**이에요. 우리도 호기심이 생길 때 그냥 지나치지 말고, 어떻게 하면 더 좋게 바꿀 수 있을지를 생각해 보면서 발명에 **도전**해 보아요.

1 제목

빈칸에 알맞은 낱말을 넣어 이 글의 제목을 완성하세요.

- ☐☐은 어떻게 할까요?

2

글의 특징

이 글에 대한 설명으로 알맞은 것은 무엇인가요? (　　　)

① 발명하는 방법을 알려 주는 글이다.

② 발명품을 파는 방법을 알려 주는 글이다.

③ 유명한 발명가가 되는 방법을 알려 주는 글이다.

④ 호기심이 생길 때 답을 찾는 방법을 알려 주는 글이다.

⑤ 발명가 에디슨에게 일어난 일을 시간 순서대로 쓴 글이다.

3

내용 이해

이 글의 내용과 <u>다른</u> 것은 무엇인가요? (　　　)

① 발명의 시작은 호기심이다.

② 더하거나 빼는 방법으로 발명을 할 수 있다.

③ 모양을 바꾸는 방법으로 발명을 할 수 있다.

④ 크기를 바꾸는 방법으로 발명을 할 수 있다.

⑤ 다른 사람이 만든 물건을 똑같이 만드는 방법으로 발명을 할 수 있다.

4

적용

다음 빈칸에 ㉠을 넣었을 때 어울리는 것에 ○표 하세요.

(1) 종이는 중국에서 처음 ☐☐☐했다. 　　　　　　　　　　　　　(　　)

(2) 놀이터에서 잃어버린 손수건을 ☐☐☐했다. 　　　　　　　　　(　　)

5

뜻

㉡의 뜻으로 알맞은 것은 무엇인가요? (　　　)

① 힘이 센.

② 줄어드는.

③ 매우 필요한.

④ 소중하게 생각하는.

⑤ 지금까지 있은 적이 없는.

발 發 – 드러내다 | 명 明 – 밝히다

발명

새로운 기술이나 물건을 **생각해 만들어 냄**

아직까지 없던 기술이나 물건을 새로 생각하여 만들어 냄.

예 라이트 형제는 끊임없는 노력 끝에 비행기를 ❶☐☐했다.

답❶ (   )

확장

발 發 (1. 피다 2. 드러내다)이 들어간 한자어

발견 발 發 – 드러내다 | 견 見 – 보다

이제까지 찾아내지 못했거나 세상에 알려지지 않은 것을 처음으로 찾아내거나 알아내는 것.

예 혜미는 풀숲에 숨어 있던 잠자리를 ❷☐☐했다.

답❷ (   )

발표 발 發 – 드러내다 | 표 表 – 바깥

어떤 사실이나 결과, 작품 따위를 세상에 널리 드러내어 알림.

예 준호는 수업 시간에 자신의 장래 희망에 대하여 ❸☐☐했다.

답❸ (   )

이해

다음 낱말의 뜻을 보기 에서 찾아 기호를 쓰세요.

> 보기
>
> ㉠ 아직까지 없던 기술이나 물건을 새로 생각하여 만들어 냄.
>
> ㉡ 어떤 사실이나 결과, 작품 따위를 세상에 널리 드러내어 알림.
>
> ㉢ 이제까지 찾아내지 못했거나 세상에 알려지지 않은 것을 처음으로 찾아내거나 알아내는 것.

1 발견 ( )

2 발명 ( )

3 발표 ( )

적용

다음 낱말이 들어갈 문장을 찾아 선으로 이으세요.

4 발명 ·

5 발표 ·

6 발견 ·

㉮ 바닷가에서 예쁜 조개껍데기를 ( )했다.

㉯ 친구들 앞에서 ( )할 때면 심장이 콩닥콩닥 뛴다.

㉰ 삼촌은 끈기 있게 노력하여 새로운 기계를 ( )했다.

심화

7 다음 글에서 빈칸에 들어갈 알맞은 낱말은 무엇인가요? ( )

> 발견은 세상에 이미 있었지만 알려지지 않았던 것을 찾아내는 것을 말하고, ☐은/는 지금까지는 없었던 새로운 것을 만들어 내는 것을 말해요. 사람들은 벼락이 칠 때 산에 불이 붙는 것을 보고 처음 불을 발견했어요. 그리고 그 이후에 필요할 때마다 불을 일으킬 수 있는 도구를 발명했어요.

① 발음　　② 발생　　③ 발표　　④ 발견　　⑤ 발명

20

이순신 장군은 후손들의 영웅이에요

후손

후 後 – 뒤
손 孫 – 자손

자신의 세대에서 여러 세대가 지난 뒤의 자녀를 통틀어 이르는 말.

이순신 **장군**은 서른두 살 때부터 나라를 위해 일을 하기 시작했다고 해요. 조금 늦은 나이에 일을 시작했지만, 빠르게 능력을 **인정**받아서 바다를 지키는 장군이 되었어요. 이순신 장군은 다른 나라의 **공격**에 미리 준비해야 한다고 생각했어요. 그래서 **군사**들을 **훈련**시키고, 배와 **무기**도 준비해 두었지요.

1592년 일본이 우리나라를 공격했어요. 바다를 통해 부산으로 쳐들어온 일본 군사들은 **순식간**에 서울까지 올라왔어요. 이순신 장군은 바다로 가서 [㉠] 준비한 군사들과 무기로 일본 군사들을 물리치고 우리나라를 지켰어요.

이순신 장군은 거북선과 함께 일본 군사들과 싸웠어요. 거북선은 거북 모양의 지붕을 덮어 만든 배예요. 거북선의 지붕에는 칼과 송곳이 꽂혀 있었고, 옆에서는 대포가 나왔어요. 일본 군사들은 이순신 장군과의 싸움에서는 단 한 번도 이길 수가 없었어요. 일본 군사들은 이순신 장군과 거북선이 나타났다는 소리만 들어도 벌벌 떨며 도망치기 바빴다고 해요.

하지만 이순신 장군은 일본 군사들과의 싸움 중에 날아오는 총알에 맞아 그 자리에서 **최후**를 맞이하고 말았어요. 목숨을 다해 나라를 지킨 이순신 장군은 ㉡후손들에게 영웅으로 여겨지고 있답니다.

5

10

15

- **장군** 군대를 통솔하고 지휘하는 군인.
- **인정** 확실히 그렇다고 여김.
- **공격** 나아가 적을 침.
- **군사** 예전에, 군인이나 군대를 이르던 말.
- **훈련** 가르쳐서 익히게 함.
- **무기** 전쟁이나 싸움에 사용되는 기구를 통틀어 이르는 말.
- **순식간** 눈을 한 번 깜짝하거나 숨을 한 번 쉴 만한 아주 짧은 동안.
- **최후** 맨 마지막.

1

인물

이 글에서 중심이 되는 인물은 누구인지 쓰세요.

· [ ][ ][ ] 장군

2

내용 이해

이 글의 내용과 <u>다른</u> 것은 무엇인가요? (   )

① 일본이 우리나라를 공격하였다.

② 일본 군사들은 이순신 장군과 싸우고 싶어하였다.

③ 이순신 장군은 일본 군사들과의 싸움 중에 최후를 맞이하였다.

④ 일본 군사들은 이순신 장군과의 싸움에서는 단 한 번도 이길 수 없었다.

⑤ 이순신 장군은 다른 나라의 공격에 미리 준비해야 한다고 생각하여 군사들을 훈련 시키고, 배와 무기도 준비해 두었다.

3

세부 내용

거북선에 대한 설명으로 알맞지 <u>않은</u> 것은 무엇인가요? (   )

① 옆에서는 대포가 나왔다.

② 일본 군사들과 싸울 때 사용되었다.

③ 지붕에는 칼과 송곳이 꽂혀 있었다.

④ 땅에서 하는 싸움에서 큰 역할을 했다.

⑤ 거북 모양의 지붕을 덮어 만든 배이다.

4

뜻

㉠에 들어갈 말로 알맞은 것은 무엇인가요? (   )

① 미리   ② 늦게   ③ 오늘

④ 나중에   ⑤ 천천히

5

관계

㉡과 바꾸어 쓸 수 있는 낱말에 ○표 하세요.

부모	조상	자손

어휘 학습

동영상 강의

↓ 핵심어

후 **後** – 뒤 | 손 **孫** – 자손

후손

여러 세대가 지난 **뒤**의 **자손**

자신의 세대에서 여러 세대가 지난 뒤의 자녀를 통틀어 이르는 말.

예 유관순 이야기는 ❶◻◻들에게 나라를 사랑하는 마음을 가르쳐 준다.

☑ 비슷한 말 **자손** 자신의 세대에서 여러 세대가 지난 뒤의 자녀를 통틀어 이르는 말.

답❶ (   )

확장

후 **後** (뒤)가 들어간 한자어

후원   후 **後** – 뒤 | 원 **援** – 돕다

어떤 사람이나 일을 뒤에서 도와주는 것.

예 우리 가족은 한 달에 한 번 형편이 어려운 이웃들을 ❷◻◻하고 있다.

☑ 비슷한 말 **뒷받침** 뒤에서 지지하고 도와주는 일.

답❷ (   )

후회   후 **後** – 뒤 | 회 **悔** – 뉘우치다

일이 지난 뒤에 잘못을 깨닫고 뉘우침.

예 나는 친구에게 화를 낸 것을 ❸◻◻했다.

☑ 비슷한 말 **뉘우치다** 자기의 잘못을 깨닫고 마음속으로 후회하다.

답❸ (   )

이해 다음 뜻에 해당하는 낱말을 보기 에서 찾아 쓰세요.

> 보기
>
> 후손   후원   후회

1 일이 지난 뒤에 잘못을 깨닫고 뉘우침.   (   )

2 어떤 사람이나 일을 뒤에서 도와주는 것.   (   )

3 자신의 세대에서 여러 세대가 지난 뒤의 자녀를 통틀어 이르는 말.

(   )

적용 다음 밑줄 친 말이 바르게 쓰였으면 ○표, 바르지 않으면 ✕표 하세요.

4 다 지나간 일은 <u>후회</u>를 해도 아무 소용이 없다.   (   )

5 여러 사람들의 <u>후원</u>으로 봉사 단체가 운영되고 있다.   (   )

6 민속촌에 가면 우리 <u>후손</u>들이 어떻게 살았었는지를 알 수 있다.   (   )

심화 **7** 다음 글에서 파란색으로 쓰인 낱말과 뜻이 비슷한 낱말을 찾아 기호를 쓰세요.

> '소 잃고 외양간 고친다'라는 속담은 일이 이미 ㉠잘못된 뒤에 뉘우친다고
> 해도 소용이 없음을 뜻하는 말이에요. 귀찮아서 일기 쓰는 것을 미루다가 일
> 기를 내야 하는 날이 코앞에 닥친 후에야 '매일매일 쓸걸.' 하고 ㉡후회해 본
> 적이 있지요? 앞으로는 미리미리 ㉢준비하는 습관을 길러 보도록 해요.

(   )

어휘

속담

속담은 옛날부터 사람들 사이에서 이야기되는 짧은 말로, 교훈을 담고 있습니다.

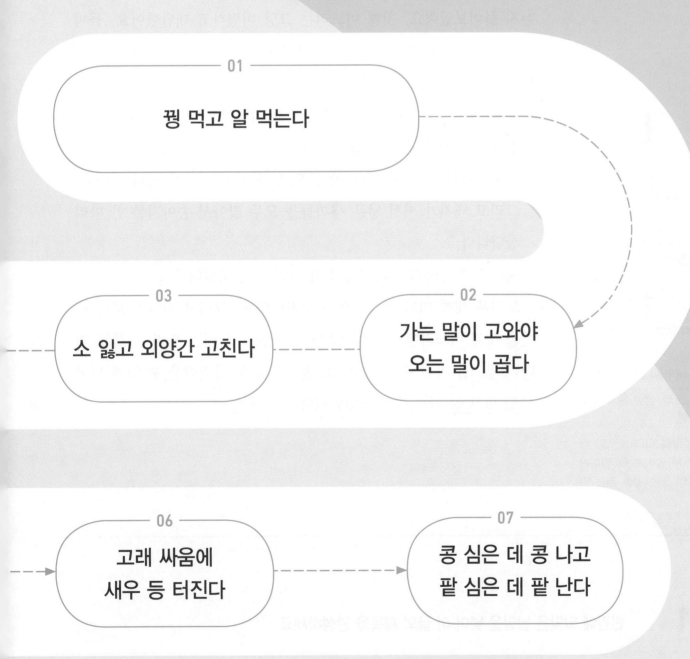

01
꿩 먹고 알 먹는다

03
소 잃고 외양간 고친다

02
가는 말이 고와야
오는 말이 곱다

06
고래 싸움에
새우 등 터진다

07
콩 심은 데 콩 나고
팥 심은 데 팥 난다

01

꿩 먹고 알 먹는 지혜로운 셋째 ☐

옛날에 열심히 일을 해서 부자가 된 노인이 있었어요. 그에게는 세 명의 아들이 있었는데 누구에게 **재산**을 물려줘야 재산을 잘 지킬 수 있을까를 ㉠**고민**했어요. 그래서 노인은 각 집안의 **살림**을 책임지고 있는 **며느리**들을 보고 결정하겠다고 마음먹었어요. 노인은 **볍씨** 세 **톨**을 며느리들 앞에 내놓으며 이렇게 말했어요.   5

"내가 너희들에게 주는 선물이다. 한 톨씩 받아라."

시간이 흐른 후 노인은 며느리들을 다시 불러 볍씨를 어떻게 하였는지 물어보았어요. 첫째 며느리는 그냥 버렸다고 대답했어요. 둘째 며느리는 껍질을 벗겨 먹어 버렸다고 대답했지요. 마지막으로 셋째 며느리는 이렇게 대답했어요.   10

"제가 받은 볍씨 한 톨은 지금 황소가 되었어요. 먼저 볍씨 한 톨로 참새를 잡아서 달걀 한 **줄**과 바꾸었어요. 그리고 그 달걀들을 암탉들로 키워서 시장에 내다 판 돈으로 새끼 돼지를 한 마리 샀지요. 그리고 돼지가 커서 낳은 새끼들을 모두 팔아서 송아지를 한 마리 샀답니다."   15

"옳지! 그 송아지가 커서 황소가 되었구나. 허허허."

노인은 셋째 며느리의 지혜를 칭찬했어요. 그리고 집안의 모든 재산을 셋째 며느리에게 물려주었어요. 셋째 며느리는 볍씨 한 톨로 커다란 황소를 가질 수 있었고, 또 많은 재산도 물려받을 수 있게 되어 ㉡꿩 먹고 알 먹는 셈이 되었답니다.   20

1 빈칸에 알맞은 낱말을 넣어 이 글의 제목을 완성하세요.

제목

• 꿩 먹고 알 먹는 지혜로운 셋째 ☐☐☐

2

주제

이 글의 주제로 가장 알맞은 것은 무엇인가요? (　　　)

① 어른을 공경해야 한다.

② 항상 말조심을 해야 한다.

③ 욕심을 부리지 말고 사이좋게 지내야 한다.

④ 어려운 일이 닥쳐도 절대 포기해서는 안 된다.

⑤ 작은 것이라도 지혜롭게 이용하면 많은 이익을 보게 된다.

3

세부 내용

셋째 며느리가 한 행동으로 알맞지 <u>않은</u> 것은 무엇인가요? (　　　)

① 볍씨 한 톨로 참새를 잡았다.

② 잡은 참새를 달걀 한 줄과 바꾸었다.

③ 송아지들을 내다 판 돈으로 황소를 한 마리 샀다.

④ 돼지가 낳은 새끼들을 모두 팔아 송아지를 한 마리 샀다.

⑤ 달걀을 암탉들로 키워서 시장에 내다 판 돈으로 새끼 돼지 한 마리를 샀다.

4

어휘

관계

㉠과 뜻이 비슷한 낱말로 알맞은 것은 무엇인가요? (　　　)

① 걱정　　　　　　　② 안심　　　　　　　③ 해결

④ 결과　　　　　　　⑤ 마음

5

어휘

뜻

㉡의 뜻으로 알맞은 것에 ○표 하세요.

(1) 어렵거나 나쁜 일이 겹치어 일어남.　　　　　　　　　　(　　　)

(2) 한 가지 일을 하여 두 가지 이상의 이익을 보게 됨.　　　(　　　)

어휘 학습

꿩 먹고 알 먹는다

한 가지 일을 하여 두 가지 이상의 이익을 보게 됨을 비유적으로 이르는 말.

예 아침에 일찍 일어났더니 기분도 상쾌하고 아버지께서 용돈도 주셔서 ❶ 먹고 알 먹는 셈이다.

답❶ (   )

확장

동물과 관련한 속담

꿩 구워 먹은 소식

소식이 전혀 없음을 비유적으로 이르는 말.

예 편지를 보내겠다고 약속하고 이사를 간 친구는 한 달째 꿩 구워 먹은 ❷ ☐이다.

답❷ (   )

하룻강아지 범 무서운 줄 모른다

철없이 함부로 덤비는 경우를 비유적으로 이르는 말.

예 태권도 학원을 겨우 한 달 다니고 3년이나 다닌 나에게 대결 신청을 하다니 하룻강아지 ❸ 무서운 줄 모르는구나.

답❸ (   )

이해 다음 속담과 뜻을 알맞게 선으로 이으세요.

1 꿩 먹고 알 먹는다 •
　　　　　　　　　　　　　　　• ㉮ 소식이 전혀 없음을 비유적으로 이르는 말.

2 꿩 구워 먹은 소식 •
　　　　　　　　　　　　　　　• ㉯ 철없이 함부로 덤비는 경우를 비유적으로 이르는 말.

3 하룻강아지 범 무서운 줄 모른다 •
　　　　　　　　　　　　　　　• ㉰ 한 가지 일을 하여 두 가지 이상의 이익을 보게 됨을 비유적으로 이르는 말.

적용 자음자를 보고 다음 상황에 어울리는 속담을 완성하세요.

4 나한테 덤비다니 하룻 ㄱ ㅇ ㅈ 범 무서운 줄 모르는구나. （　　　　　）

5 빌려 간 책을 금방 돌려주겠다던 준희는 몇 주째 ㄲ 구워 먹은 소식이다.
（　　　　　）

6 동생이랑 싸우지 않고 사이좋게 지내면 기분이 좋고, 부모님께 칭찬도 들으니 꿩 먹고 ㅇ 먹는 셈이다. （　　　　　）

심화 7 다음 글을 읽고, 어울리는 속담에 ○표 하세요.

> 혜미: 유미야, 무슨 기분 좋은 일 있어? 왜 이렇게 싱글벙글 웃고 있어?
> 유미: 오늘 방 청소를 하다가 서랍에서 잃어버린 돈을 찾았거든.
> 혜미: 방도 깨끗해지고 돈도 찾아서 정말 좋았겠다.

(1) 꿩 먹고 알 먹는다 （　　　）
(2) 꿩 구워 먹은 소식이다 （　　　）

가는 [   ]이 고와야 오는 말이 고와요

20○○년 5월 10일 수요일 날씨: 맑음

오늘 학교에서 영준이와 싸웠다. 내가 ㉠**실수**로 필통을 집에 놓아 두고 학교에 가서 영준이의 연필을 쓰려고 했지만 빌려주지 않았기 때문이다. 그런데 진아가 영준이에게 연필을 빌려 달라고 하자 진아 에게는 바로 빌려주어서 더 화가 났다. 나는 영준이에게 왜 진아에게 만 연필을 빌려주느냐고 화를 냈다. 그러자 영준이도 큰 소리로 이렇 게 말했다.

"지훈이 너는 아침부터 나를 놀리며 기분 나쁘게 했잖아. 그리고 내 **허락**도 없이 필통에서 연필을 가져가려고 하면 어떡해? 진아는 **상냥한** 목소리로 연필을 빌려 달라고 말해서 빌려준 거야."

영준이의 말을 들으니 지난주 국어 시간에 배웠던 ㉡'가는 말이 고 와야 오는 말이 곱다'라는 속담이 떠올랐다. 나는 영준이를 놀렸던 것 과 허락도 없이 연필을 가져가려고 한 것에 대하여 미안하다고 **사과** 했다. 내가 **진심**으로 사과를 하자 영준이도 괜찮다고 말하며 연필을 빌려주었다. 앞으로 친구를 놀리지 않고 다른 사람에게 좋게 **행동**하 도록 노력해야겠다고 **다짐**했다.

5

10

15

● **실수**(잃을 실 失, 손 수 手) 조심하지 아니하여 잘못함.

● **허락** 청하는 일을 하도록 들 어줌.

● **상냥한** 예의가 바르고 다정 하고 친절한.

● **사과** 자기의 잘못을 인정하 고 용서를 빎.

● **진심** 거짓이 없는 참된 마음.

● **행동** 몸을 움직여 동작을 하 거나 어떤 일을 함.

● **다짐** 이미 한 일이나 앞으로 할 일에 틀림이 없음을 단단 히 강조하거나 확인함.

1 제목

빈칸에 알맞은 낱말을 넣어 이 글의 제목을 완성하세요.

• 가는 [   ]이 고와야 오는 말이 고와요

2 내용 이해

이 글의 내용과 <u>다른</u> 것은 무엇인가요? (   )

① 지훈이는 학교에서 영준이와 싸웠다.

② 지훈이는 영준이에게 끝까지 사과하지 않았다.

③ 지훈이는 실수로 필통을 집에 두고 학교에 갔다.

④ 진아는 영준이에게 상냥한 목소리로 연필을 빌려 달라고 했다.

⑤ 영준이는 자신을 놀리고 허락 없이 연필을 가져가려는 지훈이에게 화가 났다.

3 세부 내용

지훈이의 다짐으로 알맞은 것을 찾아 ○표 하세요.

(1) 진아 때문에 영준이랑 싸웠으므로 진아에게 화를 내야겠다.   (   )

(2) 앞으로 친구를 놀리지 않고 다른 사람에게 좋게 행동하도록 노력해야겠다.

(   )

4 어휘 / 적용

다음 빈칸에 ㉠을 넣었을 때 어울리지 <u>않는</u> 것은 무엇인가요? (   )

① 미안해. [   ]로 네 공책에 낙서했어.

② [   ]는 누구나 할 수 있어. 다시 해 보자.

③ 그림 대회에서 일 등을 하다니 정말 [   ]했어.

④ 그렇게 서두르다 보면 [   ]할 수 있으니 천천히 하렴.

⑤ 어제 [   ]로 엄마가 가장 아끼시는 꽃병을 깨 버렸어.

5 어휘 / 뜻

㉡의 뜻으로 알맞은 것에 ○표 하세요.

(1) 말처럼 빨리 달려야 지각하지 않고 시간에 맞춰 도착할 수 있다.   (   )

(2) 자기가 남에게 말이나 행동을 좋게 하여야 남도 자기에게 좋게 한다.   (   )

어휘
학습

동영상 강의

가는 말이 고와야 오는 말이 곱다

자기가 남에게 말이나 행동을 좋게 하여야 남도 자기에게 좋게 한다는 말.

예 '가는 ❶이 고와야 오는 말이 곱다'는 말처럼 말 한마디라도 상대방을 생각하면서 건네도록 해야 한다.

답❶ (   )

확장

말과 관련한 속담

말 한마디에 천 냥 빚도 갚는다

말만 잘하면 어려운 일이나 불가능해 보이는 일도 해결할 수 있다는 말.

예 말 한마디에 천 냥 ❷도 갚는다더니, 친구의 진심 어린 사과가 화났던 내 마음을 모두 녹여 버렸다.

답❷ (   )

발 없는 말이 천 리 간다

말은 비록 발이 없지만 천 리 밖까지도 순식간에 퍼진다는 뜻으로, **말을 삼가야 함**을 비유적으로 이르는 말.

예 ❸ 없는 말이 천 리 간다고, 내가 수진이랑 다투었다는 이야기를 우리 반 아이들 모두가 알고 있었다.

답❸ (   )

이해 다음 뜻에 해당하는 속담을 보기 에서 찾아 기호를 쓰세요.

> 보기
> ㉠ 발 없는 말이 천 리 간다
> ㉡ 말 한마디에 천 냥 빚도 갚는다
> ㉢ 가는 말이 고와야 오는 말이 곱다

1 말만 잘하면 어려운 일이나 불가능해 보이는 일도 해결할 수 있다는 말.

( )

2 자기가 남에게 말이나 행동을 좋게 하여야 남도 자기에게 좋게 한다는 말.

( )

3 말은 비록 발이 없지만 천 리 밖까지도 순식간에 퍼진다는 뜻으로, 말을 삼가야 함을 비유적으로 이르는 말. ( )

적용 다음 속담이 들어갈 문장을 찾아 선으로 이으세요.

4 발 없는 말이
천 리 간다 ·

· ㉮ ( )는데, 소문나지 않게 비밀을 꼭 지켜 줘.

5 말 한마디에
천 냥 빚도 갚는다 ·

· ㉯ ( )고, 네가 계속 그렇게 화를 내면 나도 너한테 화를 낼 거야.

6 가는 말이 고와야
오는 말이 곱다 ·

· ㉰ ( )더니, 동생의 진심 어린 사과에 속상했던 마음이 다 풀렸다.

심화 **7** 다음 글을 읽고, 어울리는 속담에 ○표 하세요.

> 수진: 너 이번 시험 망쳤다며? 숙제도 잘 안 하더니만.
> 우진: 그러는 너는 다 잘하니? 줄넘기도 제대로 못하면서.

(1) 발 없는 말이 천 리 간다 ( )

(2) 가는 말이 고와야 오는 말이 곱다 ( )

03

핵심어

**소 잃고
외양간 고친다**

일이 이미 잘못된 뒤에는
손을 써도 소용이 없음을
비꼬는 말.

소 잃고 ☐ 고치지 않게 미리 준비해요

얼마 전 어느 회사에서 아파트를 짓는 공사 중 건물이 무너지는 일
이 생겼다. 그런데 이미 **공사장 근처**에 살던 사람들이 건물이 무너질
것 같다고 회사에 여러 번 이야기했었다고 한다. 그러나 아파트를 짓
는 회사에서 공사장을 **점검**하지 않고 계속 공사를 했고, 결국 무너진
것이다. 이후 회사는 이 일에 대해 사과하고, 다시 무너지지 않도록   5
점검하겠다는 약속을 했다.

이 뉴스를 보신 아버지께서 혀를 끌끌 차시면서 "㉠소 잃고 **외양간**
고친다고 하더니."라고 말씀하셨다. 나는 아버지가 하신 말씀의 뜻이
궁금하여 "아버지, 소 잃고 외양간 고친다는 말은 무슨 뜻이에요?"라
고 여쭈어보았다.   10

"옛날에 한 농부가 소를 키우는 외양간의 문이 떨어졌는데 귀찮아
서 고치는 것을 매일 미루었단다. 그런데 어느 날 밤, 소가 문이 떨
어진 틈에 도망을 가고 말았지. 아침이 되어 이 사실을 안 농부는
소를 잃고 나서 후회를 하며 외양간 문을 고쳤단다. **어리석은** 농부
의 행동처럼, 일이 이미 잘못된 뒤에 손을 써도 **소용**이 없는 것을   15
가리키는 말이란다."

아버지 말씀을 들으니 며칠 전 받아쓰기 시험이 있었는데 미리 받
아쓰기 연습을 하지 않아서 ☐㉡☐했던 기억이 났다. 앞으로는
미리미리 준비해서 소 잃고 외양간 고치는 일이 없도록 해야겠다.

- **공사장** 공사를 하는 곳.
- **근처** 가까운 곳.
- **점검** 낱낱이 검사함. 또는
그런 검사.
- **외양간** 소나 말을 먹이고 기
르는 건물.
- **어리석은** 슬기롭지 못하고
둔한.
- **소용** 이익이나 쓸모가 있는
것.

1 제목

빈칸에 알맞은 낱말을 넣어 이 글의 제목을 완성하세요.

• 소 잃고 ☐☐☐ 고치지 않게 미리 준비해요

2 이 글의 특징으로 알맞은 것은 무엇인가요? (   )

① 글쓴이가 경험한 일이 드러나 있다.

② 글쓴이가 상상한 내용을 쓴 글이다.

③ 글쓴이가 여행을 한 후에 쓴 글이다.

④ 글쓴이가 책을 읽고 느낀 점이 드러나 있다.

⑤ 글쓴이가 자신이 아는 내용을 다른 사람들에게 알려 주기 위하여 쓴 글이다.

3 이 글을 통해 답을 알 수 있는 질문이 <u>아닌</u> 것의 기호를 쓰세요.

> ㉮ 회사가 사과한 까닭은 무엇일까?
>
> ㉯ 외양간 문을 고치는 방법은 무엇일까?
>
> ㉰ 공사 중 아파트가 무너지는 것을 막을 수도 있었을까?

(   )

4 어휘

㉠의 뜻으로 알맞은 것에 ○표 하세요.

(1) 일이 이미 잘못된 뒤에는 손을 써도 소용이 없음. (   )

(2) 무슨 일이든 깊이 생각하고 신중하게 행동해야 함. (   )

5 어휘

㉡에 들어갈 말로 알맞은 것은 무엇인가요? (   )

① 만족   ② 찬성   ③ 칭찬

④ 행복   ⑤ 후회

소 잃고 외양간 고친다

소를 도둑맞은 다음에서야 빈 외양간의 허물어진 데를 고치느라 수선을 떤다는 뜻으로, 일이 이미 잘못된 뒤에는 손을 써도 소용이 없음을 비꼬는 말.

예 시험에 떨어지고 난 후에야 공부를 시작하다니 ❶ 잃고 외양간 고치는 일이야.

답❶ (   )

확장

어리석음과 관련한 속담

쇠귀에 경 읽기

소 귀에 대고 책을 읽어 봐야 단 한 마디도 알아듣지 못한다는 뜻으로, **아무리 가르치고 일러 주어도 알아듣지 못하거나 효과가 없는 경우**를 이르는 말.

예 쉽게 설명했는데도 하나도 알아듣지 못하다니 쇠귀에 ❷ 읽기 같아.

답❷ (   )

우물 안 개구리

넓은 세상의 형편을 알지 못하는 사람을 비유적으로 이르는 말.

예 ❸ 안 개구리가 되지 않으려면 다양한 지식과 경험을 쌓는 것이 좋다.

답❸ (   )

이해 다음 속담의 뜻을 보기 에서 찾아 기호를 쓰세요.

> 보기
> ㉠ 일이 이미 잘못된 뒤에는 손을 써도 소용이 없음을 비꼬는 말.
> ㉡ 넓은 세상의 형편을 알지 못하는 사람을 비유적으로 이르는 말.
> ㉢ 아무리 가르치고 일러 주어도 알아듣지 못하거나 효과가 없는 경우를 이르는 말.

1 우물 안 개구리 ( )

2 쇠귀에 경 읽기 ( )

3 소 잃고 외양간 고친다 ( )

적용 다음 밑줄 친 말이 바르게 쓰였으면 ○표, 바르지 않으면 ×표 하세요.

4 미리미리 안전 점검을 하는 것은 소 잃고 외양간 고치는 일이야. ( )

5 자기가 알고 있는 것이 전부라고 생각하다니 넌 우물 안 개구리구나. ( )

6 쇠귀에 경 읽기라더니, 그렇게 가르쳐 주었는데도 똑같은 문제를 계속 틀리는구나!

( )

심화 **7** 다음 글을 읽고, 어울리는 속담에 ○표 하세요.

> 현규: 지연아, 표정이 안 좋아 보여. 무슨 안 좋은 일 있어?
> 지연: 강아지에게 목줄을 매지 않고 산책을 하다가 강아지를 잃어버렸어. 그래서 지금 목줄을 사러 가는 길이야.

(1) 우물 안 개구리 ( )

(2) 소 잃고 외양간 고친다 ( )

04

하늘은 스스로 돕는 자를 도와요

**하늘은 스스로
돕는 자를 돕는다**

하늘은 스스로 노력하는
사람을 성공하게 만든다는
뜻으로, 어떤 일을 이루기
위해서는 자신의 노력이
중요함을 이르는 말.

옛날 어느 마을에 늙고 병든 어머니와 아들 단둘이 살고 있었어요.
아들은 병든 어머니를 위해 어떤 어려운 일이라도 무엇이든지 다 했
어요.

눈이 많이 내린 어느 겨울날, 어머니는 아들에게 **잉어**가 먹고 싶다
고 하였어요. 겨울이라 잉어를 구하기 힘들었지만, 아들은 어머니를 　　5
위해 잉어를 구하러 집 밖으로 나갔어요. 아들은 집 근처 **냇물** 중 가
장 깊은 곳에 가면 잉어를 잡을 수 있다는 말을 듣고, 당장 냇가로 달
려갔지요. 그런데 냇물이 꽁꽁 얼어붙어 있었어요.

아들은 얼음을 깨고 잉어를 잡으려고 하였어요. 하지만 얼음이 너
무 두껍게 얼어 있었지요. 아들은 있는 힘을 다해서 얼음을 깨려고 하 　　10
였지만 얼음은 ㉠쉽게 깨지지 않았어요. 아들은 무릎을 꿇고 엎드려
잉어를 구하게 해 달라고 울며 하늘에 **빌었어요**. 삼 일 동안 한자리에
엎드려서 빌자, 무릎에 닿은 얼음이 녹아 깨지기 시작했어요. 그리고
깨진 얼음 구멍으로 잉어 한 마리가 뛰어올랐어요. 아들은 잉어를 잡
아서 어머니께 드렸어요. 　　15

이 이야기를 들은 마을 사람들은 아들이 잉어를 구한 것을 보고
'㉡하늘은 스스로 돕는 자를 돕는다.'라고 생각했어요. 그리고 마을
사람들은 어머니를 **정성껏** 모신 아들을 매우 칭찬했다고 해요.

- **잉어** 잉엇과의 민물고기. 큰
  것은 몸의 길이가 1미터이
  고 약간 옆으로 납작하며,
  대개 등은 검푸르고 배는 누
  르스름하다. 주둥이는 둔하
  고 입가에 두 쌍의 수염이
  있다.
- **냇물** 내에 흐르는 물.
- **빌었어요** 바라는 바를 이루
  게 하여 달라고 신이나 사
  람, 사물 따위에 간청했어요.
- **정성껏** 있는 정성을 다하여.
  또는 정성이 미치는 데까지.

1

인물

이 글에서 중심이 되는 인물은 누구인지 쓰세요.

☐ ☐

2 이 글의 내용과 <u>다른</u> 것은 무엇인가요? (　　　)

내용 이해

① 겨울이라 잉어를 구하는 것이 힘들었다.

② 냇물의 얼음이 너무 두껍게 얼어 있었다.

③ 아들은 잉어를 구하게 해 달라고 하늘에 빌었다.

④ 아들은 얼음을 깨고 낚시를 해서 잉어를 잡았다.

⑤ 아들은 병든 어머니를 위해 어떤 어려운 일이라도 무엇이든지 다 했다.

3 아들이 잉어를 구할 수 있었던 까닭을 알맞게 짐작한 것은 무엇인가요? (　　　)

추론

① 어머니가 아들을 사랑했기 때문이다.

② 아들의 간절한 마음과 노력 때문이다.

③ 하늘이 아들에게 벌을 내렸기 때문이다.

④ 날씨가 따뜻해서 얼음이 녹았기 때문이다.

⑤ 마을 사람들이 아들을 도와주었기 때문이다.

4 어휘

ㄱ과 뜻이 반대되는 낱말로 알맞은 것은 무엇인가요? (　　　)

관계

① 많게　　　　　② 멀게　　　　　③ 어렵게

④ 재미있게　　　⑤ 엎드리게

5 어휘

ㄴ의 뜻으로 알맞은 것에 ○표 하세요.

뜻

(1) 어떤 일을 이루기 위해서는 자신의 노력이 중요하다.　　　　　　(　　　)

(2) 어떤 일을 이루기 위해서는 주변의 도움이 중요하다.　　　　　　(　　　)

하늘은 스스로
돕는 자를 돕는다

하늘은 스스로 노력하는 사람을 성공하게 만든다는 뜻으로, 어떤 일을 이루기 위해서는 자신의 노력이 중요함을 이르는 말.

예 ❶☐☐은 스스로 돕는 자를 돕는다고, 아버지를 정성껏 간호하며 매일 아버지가 건강하시길 빌었더니 아버지의 병이 다 나았다.

답❶ (   )

노력과 관련한 속담

공든 탑이 무너지랴

공들여 쌓은 탑은 무너질 리 없다는 뜻으로, **힘을 다하고 정성을 다하여 한 일은 그 결과가 반드시 헛되지 아니함**을 비유적으로 이르는 말.

예 공든 ❷☐이 무너질 리 없다고, 매일 줄넘기 연습을 했더니 실력이 늘었다.

답❷ (   )

티끌 모아 태산

아무리 작은 것이라도 모이고 모이면 나중에 큰 덩어리가 됨을 비유적으로 이르는 말.

예 티끌 모아 ❸☐☐이라고, 동전이 생길 때마다 저금통에 하나씩 넣었더니 어느새 가득 찼다.

답❸ (   )

이해 다음 뜻에 해당하는 속담의 빈칸에 어울리는 낱말을 **보기** 에서 찾아 쓰세요.

> **보기**
>
> 탑   티끌   스스로

1 어떤 일을 이루기 위해서는 자신의 노력이 중요함을 이르는 말.

→ 하늘은 (   ) 돕는 자를 돕는다

2 아무리 작은 것이라도 모이고 모이면 나중에 큰 덩어리가 됨을 비유적으로 이르는 말.

→ (   ) 모아 태산

3 힘을 다하고 정성을 다하여 한 일은 그 결과가 반드시 헛되지 아니함을 비유적으로 이르는 말.

→ 공든 (   )이 무너지랴

적용 자음자를 보고 다음 상황에 어울리는 속담을 완성하세요.

4 ㅎㄴ은 스스로 돕는 자를 돕는다고 했으니, 무슨 일이든지 열심히 해야 한다.

(   )

5 티끌 모아 ㅌㅅ이라고, 모든 사람들이 물을 조금씩만 절약해도 많은 물을 아낄 수 있을 거야.

(   )

6 '공든 ㅌ이 무너지랴'라는 말처럼, 매주 자전거 타는 연습을 했으니 곧 혼자서 자전거를 탈 수 있을 거야.

(   )

심화 **7** 다음 글을 읽고, 어울리는 속담에 ○표 하세요.

> 윤호: 엄마, 태권도 심사에 통과하지 못할까 봐 걱정이에요.
>
> 엄마: 너무 걱정하지 마. 넌 누구보다 열심히 연습하고 있으니 좋은 결과가 있을 거야.
>
> 윤호: 네, 엄마. 고마워요.

⑴ 티끌 모아 태산   (   )

⑵ 공든 탑이 무너지랴   (   )

05

길고 짧은 것은 대어 보아야 안다

크고 작고, 이기고 지고, 잘 하고 못하는 것은 실제로 겨루어 보거나 겪어 보아야 알 수 있다는 말.

- **군대** 일정한 규율과 질서를 가지고 조직된 군인의 집단.

- **전쟁** 국가와 국가, 또는 병력을 가진 단체 사이에 무력을 사용하여 싸움.

- **망설였지만** 이리저리 생각만 하고 태도를 결정하지 못하였지만.

- **비웃었지요** 어떤 사람, 또는 그의 행동을 터무니없거나 어처구니없다고 여겨 얕잡거나 업신여겼지요.

- **도망** 피하거나 쫓기어 달아남.

길고 짧은 것은 대어 보아야 아는 법

옛날 어느 나라에 다윗이라는 소년이 살고 있었어요. 그런데 어느 날 이웃 나라에서 골리앗이라는 거인이 **군대**를 이끌고 소년이 사는 나라로 쳐들어왔어요. 골리앗은 몸집이 다른 사람보다 훨씬 크고 힘도 세었기 때문에 **전쟁**에서 이기고 있었어요.

다윗은 골리앗 때문에 자신의 나라가 지는 것을 보고, 왕을 찾아가 이야기했어요.

"제가 전쟁에 나가서 골리앗과 싸우도록 해 주십시오. 반드시 골리앗을 무너뜨리겠습니다."

왕은 아직 어린 소년이 골리앗과 싸워서 이길 수 없을 것 같아서 **망설였지만** 결국 다윗이 전쟁에 나가도록 ㉠허락했어요. 다윗은 전쟁터로 나가 앞에 서서 골리앗과 싸우러 왔다고 외쳤어요. 골리앗은 **비웃었지요.**

"꼬마 녀석이 겁도 없이 덤비는구나. 어디 한번 나에게 혼나 봐라!"

다윗은 "   ㉡   !"라고 외치고는 돌멩이를 골리앗을 향해 던졌어요. 쏜살같이 날아간 돌멩이는 골리앗의 이마에 맞았고, 골리앗은 힘없이 쓰러졌어요. 거인 골리앗이 쓰러지자 이웃 나라 군대는 **도망**을 갔고, 다윗은 자신의 나라를 지킬 수 있었답니다.

5

10

15

1 인물

이 글에서 중심이 되는 인물은 누구누구인지 쓰세요.

- [   ][   ] 과 [   ][   ][   ]

2

내용 이해

이 글의 내용과 <u>다른</u> 것은 무엇인가요? (　　　)

① 다윗은 돌멩이로 골리앗을 물리쳤다.

② 골리앗은 몸집이 다른 사람보다 훨씬 크고 힘도 셌다.

③ 다윗은 골리앗을 반드시 무너뜨리겠다고 왕에게 약속했다.

④ 이웃 나라에서 골리앗이 군대를 이끌고 다윗의 나라에 쳐들어왔다.

⑤ 왕은 아직 어린 다윗이 골리앗과 싸워서 이길 수 없을 것 같아서 전쟁에 나가는 것을 허락하지 않았다.

3

적용

이 글과 관련한 경험을 알맞게 말한 친구에 ○표 하세요.

⑴ 서아: 동생이랑 달리기 시합을 했는데 내가 이겼어. 동생은 역시 내 상대가 안 돼.
　　　　　　　　　　　　　　　　　　　　　　　　　　　　　　　　　（　　　）

⑵ 유담: 우리 반에서 제일 체육을 잘하는 주한이랑 달리기 시합을 하게 됐는데 다들 내가 질 거라고 했거든. 그런데 내가 이겼어.　　　　　　　　（　　　）

4

어휘

뜻

㉠의 뜻으로 알맞은 것의 기호를 쓰세요.

> ㉮ 사는 곳을 다른 데로 옮김.
> ㉯ 부탁하는 일을 하도록 들어줌.

　　　　　　　　　　　　　　　　　　　　　　　　　　　　　　（　　　　　）

5

어휘

적용

㉡에 들어갈 말로 알맞은 것은 무엇인가요? (　　　)

① 개천에서 용 난다

② 달면 삼키고 쓰면 뱉는다

③ 금강산 구경도 식후경이라

④ 구슬이 서 말이라도 꿰어야 보배

⑤ 길고 짧은 것은 대어 보아야 안다

어휘 학습

길고 짧은 것은 대어 보아야 안다

크고 작고, 이기고 지고, 잘하고 못하는 것은 실제로 겨루어 보거나 겪어 보아야 알 수 있다는 말.

예 길고 ❶◻ 것은 대어 보아야 안다고, 누가 더 빨리 달리는지 직접 겨루어 보자.

답 ❶ ( )

비교와 관련한 속담

도토리 키 재기

정도가 고만고만한 사람끼리 서로 다툼을 이르는 말.

예 현석이와 경준이의 축구 실력은 서로 비슷해서 도토리 ❷ 재기이다.

답 ❷ ( )

뛰는 놈 위에 나는 놈 있다

아무리 재주가 뛰어나다 하더라도 그보다 더 뛰어난 사람이 있다는 뜻으로, 스스로 뽐내는 사람을 경계하여 이르는 말.

예 가경이가 수학 시험에서 백 점을 맞았는데, 뛰는 놈 위에 ❸◻ 놈 있다고 승민이는 전 과목 시험에서 모두 백 점을 맞았다.

답 ❸ ( )

이해 다음 속담과 뜻을 알맞게 선으로 이으세요.

1 도토리 키 재기 ·

· ㉮ 아무리 재주가 뛰어나다 하더라도 그보다 더 뛰어난 사람이 있다는 뜻.

2 뛰는 놈 위에 나는 놈 있다 ·

· ㉯ 정도가 고만고만한 사람끼리 서로 다툼을 이르는 말.

3 길고 짧은 것은 대어 보아야 안다 ·

· ㉰ 크고 작고, 이기고 지고, 잘하고 못하는 것은 실제로 겨루어 보거나 겪어 보아야 알 수 있다는 말.

적용 자음자를 보고 다음 상황에 어울리는 속담을 완성하세요.

4 나와 형의 그림 실력은 비슷해서 ㄷㅌㄹ 키 재기이다. ( )

5 ㄱㄱ 짧은 것은 대어 보아야 안다고 했으니, 누가 줄넘기를 더 잘하는지 대결해 보자. ( )

6 ㄸㄴ 놈 위에 나는 놈 있다고 현경이가 줄넘기 50개를 하는 동안 윤이는 100개를 했다. ( )

심화 **7** 다음 글을 읽고, 어울리는 속담에 ○표 하세요.

상준: 내가 너보다 키가 크니까 힘도 더 셀 거야!

지훈: 말도 안 돼. 나는 키는 작지만 힘이 세다고. 팔씨름으로 직접 겨루어 보자!

(1) 원숭이도 나무에서 떨어진다 ( )

(2) 길고 짧은 것은 대어 보아야 안다 ( )

'◻◻◻◻ 싸움에 새우 등 터진다'를 알아봐요

핵심어

**고래 싸움에
새우 등 터진다**

강한 자들끼리 싸우는 통에 아무 상관도 없는 약한 자가 중간에 끼어 피해를 입게 됨을 비유적으로 이르는 말.

오래전부터 전해 내려오는 속담에는 동물과 관련된 것이 많아요. 그중 '고래 싸움에 새우 등 터진다'라는 속담이 있어요. 고래는 새끼를 낳는 동물 중 몸집이 가장 ㉠큰 동물이에요. 그런데 새우는 고래에 비하면 몸집이 작아도 너무 작지요. 이렇게 새우보다 훨씬 큰 고래들이 싸우면 바다에 높은 **파도**가 생겨요. 그 높은 파도 때문에 ㉡작은 ⁵ 새우들은 다치거나 죽게 되어요. 이처럼 강한 사람들의 싸움으로 상관없는 약한 사람이 **피해**를 볼 때 고래 싸움에 새우 등 터진다고 해요. 예를 들면 오빠들이 싸워서 싸우지 않은 동생까지 부모님께 **야단**을 맞을 때, 동생은 고래 싸움에 새우 등이 터진 거라고 할 수 있지요.

'고래 싸움에 새우 등 터진다'와 **반대**인 속담도 있어요. '새우 싸움 ¹⁰ 에 고래 등 터진다'는 속담이에요. 이 속담에서 새우는 아랫사람을, 고래는 윗사람을 말해요. 즉, 아랫사람의 잘못으로 윗사람이 피해를 볼 때 쓰는 말이에요. 또 남의 싸움에 관계없는 사람이 피해를 입는 경우를 **비유적**으로 이르는 말이기도 해요. '고래 싸움에 새우 등 터진다'와 '새우 싸움에 고래 등 터진다'는 모두 고래와 새우의 크기가 다 ¹⁵ 른 것을 이용하여 만든 재미있는 속담이랍니다.

● **파도** 바다에 이는 물결.

● **피해** 생명이나 신체, 재산, 명예 따위에 손해를 입음. 또는 그 손해.

● **야단** 소리를 높여 마구 꾸짖는 일.

● **반대** 두 사물이 모양, 위치, 방향, 순서 따위에서 등지거나 서로 맞섬. 또는 그런 상태.

● **비유적** 어떤 현상이나 사물을 직접 설명하지 아니하고 다른 비슷한 현상이나 사물에 빗대어서 설명하는 것.

1
제목

빈칸에 알맞은 낱말을 넣어 이 글의 제목을 완성하세요.

• '◻◻ 싸움에 새우 등 터진다'를 알아봐요

2
의도

글쓴이가 이 글을 쓴 까닭은 무엇인가요? (   )

① 고래가 얼마나 큰지를 알려 주려고

② 새우를 잡아 본 일에 대하여 말하려고

③ 고래와 새우에 관련된 속담을 알려 주려고

④ 고래의 먹이가 되는 새우에 대하여 알려 주려고

⑤ 새우처럼 크기가 작은 것은 신경 쓰지 말자고 말하려고

3
추론

이 글을 통해 답을 알 수 있는 질문이 <u>아닌</u> 것의 기호를 쓰세요.

> ㉮ 동물과 관련된 속담이 많은 까닭은 무엇일까?
>
> ㉯ 고래 싸움에 새우 등 터지는 상황의 예로는 어떤 것이 있을까?
>
> ㉰ '고래 싸움에 새우 등 터진다' 말고도 고래와 새우가 등장하는 다른 속담이 있을까?

(   )

4 어휘
관계

㉠과 ㉡의 두 낱말의 관계와 같게 짝 지은 것을 두 가지 고르세요. (,   )

① 길다 – 멀다   ② 싫다 – 밉다

③ 좋다 – 나쁘다   ④ 빠르다 – 느리다

⑤ 즐겁다 – 신나다

5 어휘
뜻

속담과 그 뜻을 알맞게 선으로 이으세요.

(1) 고래 싸움에
새우 등 터진다 •

• ㉮ 아랫사람이 저지른 일로 인하여 윗사람에게
해가 미치는 경우를 비유적으로 이르는 말.

(2) 새우 싸움에
고래 등 터진다 •

• ㉯ 강한 자들끼리 싸우는 통에 아무 상관도 없
는 약한 자가 중간에 끼어 피해를 입게 됨을
비유적으로 이르는 말.

고래 싸움에 새우 등 터진다

강한 자들끼리 싸우는 통에 아무 상관도 없는 약한 자가 중간에 끼어 피해를 입게 됨을 비유적으로 이르는 말.

예 ❶☐☐ 싸움에 새우 등 터진다더니, 엄마랑 언니가 싸우고 그 화풀이를 모두 나에게 했다.

답 ❶ (   )

엉뚱한 손해와 관련한 속담

배보다 배꼽이 더 크다

배보다 거기에 있는 배꼽이 더 크다는 뜻으로, **기본이 되는 것보다 덧붙이는 것이 더 많거나 큰 경우**를 비유적으로 이르는 말.

예 배보다 ❷☐이 더 크다고, 선물로 산 필통보다 포장하는 상자 값이 더 비싸다.

답 ❷ (   )

믿는 도끼에 발등 찍힌다

잘되리라고 믿고 있던 일이 어긋나거나 믿고 있던 사람이 배반하여 오히려 해를 **입음**을 비유적으로 이르는 말.

예 믿는 ❸☐☐에 발등 찍힌다고, 애지중지 기르던 강아지에게 손가락을 물렸다.

답 ❸ (   )

| 초등 국어 어휘×독해 1단계

이해

다음 속담의 뜻을 보기 에서 찾아 기호를 쓰세요.

보기

㉠ 기본이 되는 것보다 덧붙이는 것이 더 많거나 큰 경우를 비유적으로 이르는 말.

㉡ 강한 자들끼리 싸우는 통에 아무 상관도 없는 약한 자가 중간에 끼어 피해를 입게 됨을 비유적으로 이르는 말.

㉢ 잘되리라고 믿고 있던 일이 어긋나거나 믿고 있던 사람이 배반하여 오히려 해를 입음을 비유적으로 이르는 말.

1 배보다 배꼽이 더 크다 ( )

2 믿는 도끼에 발등 찍힌다 ( )

3 고래 싸움에 새우 등 터진다 ( )

적용

자음자를 보고 다음 상황에 어울리는 속담을 완성하세요.

4 친한 친구라고 비밀을 다 얘기하다가는 믿는 도끼에 ㅂㄷ 찍힐 수가 있어.

( )

5 고래 싸움에 ㅅㅇ 등 터진다고, 형과 누나가 싸워서 옆에 있던 나도 같이 혼났다.

( )

6 ㅂ보다 배꼽이 더 크다고, 공부하는 시간보다 계획을 세우는 시간이 더 길면 어떡하니?

( )

심화

7 다음 글을 읽고, 어울리는 속담에 ○표 하세요.

은규: 어제 병원에 갔다며, 무슨 일 있었어?

하선: 어제 용돈을 아끼려고 버스를 안 타고 걸어가다가 넘어져서 다리를 다쳤어. 많이는 안 다쳤지만 병원비가 버스 요금보다 많이 나왔지 뭐야.

(1) 배보다 배꼽이 더 크다 ( )

(2) 믿는 도끼에 발등 찍힌다 ( )

콩 심은 데 [ ] 나고 팥 심은 데 팥 난대요

핵심어

콩 심은 데 콩 나고 팥 심은 데 팥 난다

모든 일은 근본에 따라 거기에 걸맞은 결과가 나타나는 것임을 비유적으로 이르는 말.

우리 속담에는 ㉠콩 심은 데 콩 나고 팥 심은 데 팥 난다는 속담이 있어요. 이 속담은 콩을 심은 데서 팥이 날 리 없고, 팥을 심은 데서 콩이 열릴 리 없다는 뜻을 지니고 있어요. 그럼 어떨 때 이런 속담을 쓰는지 알아볼까요?

첫째, 자녀는 부모를 **닮는다**는 뜻으로 이 속담을 써요. 우리가 자 5 주 부르는 노래 중 "송아지 송아지 얼룩 송아지 엄마 소도 얼룩소 엄마 닮았네."라는 노랫말이 있어요. 이는 송아지가 엄마 소를 닮은 것을 나타내는 노랫말이에요. 이 노랫말처럼 자녀가 부모의 ㉡**생김새**를 닮았을 때 이 속담을 쓰기도 하지만, 자녀가 부모와 비슷한 **행동**을 할 때도 사용해요. 자녀는 부모의 행동을 보고 자라기 때문에 부모의 10 행동을 닮을 수밖에 없지요.

둘째, **노력**한 만큼 결과가 나온다는 뜻으로 이 속담을 써요. 우리가 잘 알고 있는 개미와 베짱이 이야기를 보면, 매우 더운 여름 동안 쉬지 않고 열심히 일한 개미는 겨울에 먹을 것 걱정 없이 따뜻하게 지내요. 하지만 여름 내내 노래를 부르며 놀기만 한 베짱이는 겨울이 되 15 자 집도 없고 먹을 것도 없어서 결국 개미에게 도와달라고 하지요. 이렇게 열심히 노력한 개미와 놀기만 한 베짱이를 가리켜서 콩 심은 데 콩 나고 팥 심은 데 팥 난다고 해요.

• **닮는다** 사람 또는 사물이 서로 비슷한 생김새나 성질을 지닌다.

• **생김새** 생긴 모양새.

• **행동** 몸을 움직여 동작을 하거나 어떤 일을 함.

• **노력** 목적을 이루기 위하여 몸과 마음을 다하여 애를 씀.

---

1 제목

빈칸에 알맞은 낱말을 넣어 이 글의 제목을 완성하세요.

• 콩 심은 데 [ ] 나고 팥 심은 데 팥 난대요

2
글의 특징

이 글에 대한 설명으로 알맞은 것은 무엇인가요? (   )

① 부모님께 감사의 마음을 전하는 글이다.
② 속담을 사용하는 경우를 설명하는 글이다.
③ 『콩쥐팥쥐』를 읽고 줄거리와 감상을 쓴 글이다.
④ 밭에 콩과 팥을 심는 과정을 알려 주는 글이다.
⑤ 콩이나 팥을 이용한 놀이 방법을 알려 주는 글이다.

3
세부 내용

이 글에 나오는 속담을 사용하는 경우로 알맞은 것을 두 가지 고르세요. (,   )

① 자녀가 부모를 닮았을 때
② 노력한 만큼 결과가 나왔을 때
③ 더 많이 노력해야 한다고 말할 때
④ 자녀가 부모의 말을 따르지 않을 때
⑤ 부모가 자녀를 사랑하는 마음을 표현할 때

4
뜻

㉠의 뜻으로 알맞은 것에 ○표 하세요.

(1) 뜻하지 않은 일이 우연히 잘 들어맞았다.   (   )
(2) 모든 일은 근본에 따라 거기에 걸맞은 결과가 나타난다.   (   )

5
관계

㉡과 바꾸어 쓸 수 있는 낱말은 무엇인가요? (   )

① 습관   ② 말투   ③ 모습
④ 머리   ⑤ 목소리

어휘 학습

동영상 강의

콩 심은 데 콩 나고 팥 심은 데 팥 난다

모든 일은 근본에 따라 거기에 걸맞은 결과가 나타나는 것임을 비유적으로 이르는 말.

예 콩 심은 데 **❶** 나고 팥 심은 데 팥 난다고, 공부를 열심히 하더니 좋은 성적을 거두었구나.

답❶ (   )

확장

진리와 관련한 속담

윗물이 맑아야 아랫물이 맑다

윗사람이 잘하면 아랫사람도 따라서 잘하게 된다는 말.

예 **❷**□이 맑아야 아랫물이 맑듯이, 언니인 내가 동생에게 모범을 보이는 행동을 해야 동생도 바른 행동을 따라 하게 된다.

답❷ (   )

벼 이삭은 익을수록 고개를 숙인다

교양이 있고 수양을 쌓은 사람일수록 겸손하고 남 앞에서 자기를 내세우려 하지 않는다는 것을 비유적으로 이르는 말.

예 **❸** 이삭은 익을수록 고개를 숙인다고, 성숙한 사람일수록 겸손하다.

답❸ (   )

이해 다음 뜻에 해당하는 속담을 보기 에서 찾아 기호를 쓰세요.

> **보기**
>
> ㉠ 윗물이 맑아야 아랫물이 맑다
>
> ㉡ 벼 이삭은 익을수록 고개를 숙인다
>
> ㉢ 콩 심은 데 콩 나고 팥 심은 데 팥 난다

1 윗사람이 잘하면 아랫사람도 따라서 잘하게 된다는 말.　　　　　(　　　　　)

2 모든 일은 근본에 따라 거기에 걸맞은 결과가 나타나는 것임을 비유적으로 이르는 말.　　　　　　　　　　　　　　　　　　　(　　　　　)

3 교양이 있고 수양을 쌓은 사람일수록 겸손하고 남 앞에서 자기를 내세우려 하지 않는다는 것을 비유적으로 이르는 말.　　　　　(　　　　　)

적용 다음 낱말이 들어갈 속담을 찾아 선으로 이으세요.

4 윗물이 맑아야 아랫물이 맑다　·

5 벼 이삭은 익을수록 고개를 숙인다　·

6 콩 심은 데 콩 나고 팥 심은 데 팥 난다　·

㉮ (　　　　　　　　　)고, 아는 것이 많을수록 잘난 척을 하지 않아야 한다.

㉯ (　　　　　　　　　)고, 형의 버릇없는 행동을 동생이 그대로 따라 한다.

㉰ (　　　　　　　　　)는 말처럼 편식하고 운동도 안 하면 건강해질 수가 없다.

심화 **7** 다음 글을 읽고, 어울리는 속담에 ○표 하세요.

> 준재: 엄마, 미주가 저랑 엄마랑 많이 닮았대요.
>
> 엄마: 그럼. 준재는 엄마의 아들인데 닮은 것은 당연한 일이지.

⑴ 윗물이 맑아야 아랫물이 맑다　　　　　　　　　　　　　(　　　　)

⑵ 콩 심은 데 콩 나고 팥 심은 데 팥 난다　　　　　　　　(　　　　)

어휘

관용어

관용어는 말버릇처럼 오래 쓰여서 특별한 뜻을 가지게 된 말입니다.

—— 01 ——

눈에 띄다 ——-

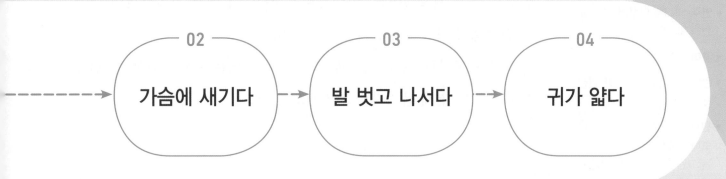

02 가슴에 새기다 → 03 발 벗고 나서다 → 04 귀가 얇다

01

눈에 띄다

두드러지게 드러나다.

눈에 띄는 천재 음악가

반짝반짝 작은 별 아름답게 비치네
동쪽 하늘에서도 서쪽 하늘에서도
반짝반짝 작은 별 아름답게 비치네

우리가 ㉠자주 부르는 이 '작은 별'은 모차르트가 만든 노래예요. 모차르트는 **음악가** 집안에서 태어났어요. 아기일 때부터 아버지에게 음악을 배우러 오는 학생들의 **연주** 소리를 들으면서 자랐어요. 또 한 명뿐인 누나가 음악을 배우는 모습을 보면서 자연스럽게 음악을 배웠어요.

모차르트는 한 가지 일에 **흥미**를 느끼면 그것을 익힐 때까지 다른 것은 전부 잊었어요. 수학을 배울 때는 책상, 의자, 벽뿐만 아니라 마루까지 모두 숫자만 가득 적었어요. 음악에 빠지기 시작한 뒤에는 다른 놀이는 하지 않고 음악 놀이만 했어요.

모차르트가 여섯 살 때였어요. 아버지와 함께 음악을 하는 사람들이 집에 모여 바이올린을 연주하고 있었어요. 모차르트는 자신도 함께 바이올린을 연주하고 싶다고 아버지를 졸랐어요. 아버지는 모차르트에게 한쪽 구석에서 작은 소리로 연주하라고 했어요. 그런데 연주하던 사람들이 자신의 바이올린 연주를 멈추고 모차르트의 바이올린 연주를 듣기 시작했어요. 바이올린을 배운 적 없는 모차르트의 연주가 **완벽해서** 사람들이 깜짝 놀란 거예요.

이렇듯 모차르트는 어릴 때부터 ㉡눈에 띄는 음악가였으며, 현재까지 최고의 **천재** 음악가로 기억되고 있어요.

5

10

15

20

- **음악가** 음악을 전문으로 하는 사람. 작곡가, 지휘자, 연주가, 성악가 등이 있다.
- **연주** 악기를 다루어 곡을 표현하거나 들려주는 일.
- **흥미** 흥을 느끼는 재미.
- **완벽해서** 결함이 없이 완전해서.
- **천재** 선천적으로 타고난, 남보다 훨씬 뛰어난 재주. 또는 그런 재능을 가진 사람.

1

인물

이 글은 누구에 대한 글인지 쓰세요.

2

중심 내용

이 글의 중심 내용은 무엇인가요? (   )

① 모차르트는 수학을 매우 잘했다.

② 모차르트의 아버지도 음악가였다.

③ 모차르트는 음악가의 집안에서 태어났다.

④ 모차르트는 바이올린을 연주하는 것을 좋아했다.

⑤ 모차르트는 어린 시절부터 눈에 띄는 음악가였다.

3

추론

이 글을 통해 답을 알 수 있는 질문은 무엇인가요? (   )

① 모차르트의 어머니도 음악가였을까?

② 모차르트는 누구와 가깝게 지냈을까?

③ 모차르트가 만든 노래에는 무엇이 있을까?

④ 모차르트는 언제부터 유명해지기 시작했을까?

⑤ 모차르트의 노래 중에 가장 많이 알려진 노래는 무엇일까?

4 어휘

적용

다음 빈칸에 ㉠을 넣었을 때 어울리지 <u>않는</u> 것은 무엇인가요? (   )

① 형욱이는 [   ] 옷을 갈아입는다.

② 윤아는 아침마다 [   ] 일어난다.

③ 한 달 전에 태어난 동생은 [   ] 잠을 잔다.

④ 아침잠이 많은 형은 [   ] 학교에 지각한다.

⑤ 지원이는 방을 치우지 않아서 엄마께 [   ] 혼이 난다.

5 어휘

뜻

㉡의 뜻으로 알맞은 것에 ○표 하세요.

(1) 두드러지게 드러나는.   (   )

(2) 비슷비슷하여 구별할 수 없는.   (   )

핵심어

눈에 띄다

두드러지게 드러나다.

예 경민이는 ❶에 띄게 활발한 친구이다.

답❶ (   )

확장

눈이 들어간 관용어

눈도 깜짝 안 하다

조금도 놀라지 않고 태연하다.

예 지윤이는 친구들이 모두 놀랄 만큼 큰 소리가 났는데도 눈도 ❷☐☐ 안 했다.

답❷ (   )

눈에 불을 켜다

1. 몹시 욕심을 내거나 관심을 기울이다.

예 보물찾기 시간에 친구들은 눈에 ❸을 켜고 보물을 찾기 시작했다.

2. 화가 나서 눈을 부릅뜨다.

예 그는 눈에 불을 켜고 버럭 소리를 질렀다.

답❸ (   )

이해 다음 관용어와 뜻을 알맞게 선으로 이으세요.

1 눈에 띄다 •

• ㉮ 두드러지게 드러나다.

2 눈에 불을 켜다 •

• ㉯ 조금도 놀라지 않고 태연하다.

3 눈도 깜짝 안 하다 •

• ㉰ 몹시 욕심을 내거나 관심을 기울이다.

적용 자음자를 보고, 다음 상황에 어울리는 관용어를 완성하세요.

4 민아는 올해 ㄴ 에 띄게 키가 자랐다. (   )

5 성재는 과자라고 하면 무엇이든지 눈에 ㅂ 을 켜고 달려든다. (   )

6 왜 새치기를 했느냐고 물었지만, 그 애는 눈도 ㄲ ㅉ 안 했다. (   )

심화 **7** 다음 글을 읽고, 어울리는 관용어에 ○표 하세요.

민성: 준용아, 6반에 새로 전학 온 친구 봤어? 잘생겼고, 키도 크더라.

준용: 나도 봤어. 그 애가 축구 하는 걸 봤는데 축구도 잘하더라고.

⑴ 눈에 띄다 (   )

⑵ 눈도 깜짝 안 하다 (   )

소중하게 생각하는 마음을 가슴에 새겨요

핵심어

가슴에 새기다

잊지 않게 단단히 마음에 기억하다.

지난주 가족들과 함께 영화『제인 구달』을 보았다. 동물과 환경 보호에 앞장선 제인 구달 박사의 이야기를 담은 영화였다.

구달 박사는 1934년 영국에서 태어났다. 어려서부터 동물을 좋아했던 구달 박사는 스물세 살 때 아프리카로 떠나 침팬지 **연구**를 시작했다. 이전에도 침팬지를 연구하는 사람들은 있었지만, 대부분 **망원경**으로 멀리서 침팬지를 살펴보기만 했었다. 그런데 구달 박사는 침팬지들 사이에 직접 들어가서 그들과 친구가 되었다.

이렇게 침팬지들과 함께 생활하면서 침팬지를 연구하던 중, 구달 박사는 침팬지가 사람처럼 **도구**를 사용한다는 것을 ⊙최초로 알아내었다. 그동안 도구는 사람만이 사용할 수 있다고 생각했기 때문에 이것은 매우 놀라운 발견이었다. 구달 박사는 대학에 다니지 않았지만, 침팬지 연구로 박사 **학위**를 받았다.

침팬지와 생활하는 동안 구달 박사는 동물이 살아가기 위해서는 환경을 보호해야 한다고 생각했다. 그래서 구달 박사는 그동안 쌓아 온 동물 연구와 관련된 모든 것을 포기하고 전 세계를 돌면서 환경 문제를 사람들에게 알리기 시작했다.

영화『제인 구달』을 보고 나서 **환경 보호**의 중요성을 알게 되었다. 또 자신의 모든 것을 바쳐 환경을 보호하기 위해 노력하는 구달 박사의 마음을 [ⓛ] 본받도록 노력해야겠다는 생각이 들었다.

5

10

15

● **연구** 어떤 일이나 사물에 대하여서 깊이 있게 조사하고 생각하여 진리를 따져 보는 일.

● **망원경** 두 개 이상의 볼록 렌즈를 맞추어서 멀리 있는 물체 따위를 크고 정확하게 보도록 만든 장치.

● **도구** 일을 할 때 쓰는 연장을 통틀어 이르는 말.

● **학위** 어떤 부문의 학문을 전문적으로 익히고 공부하여 일정한 수준에 오른 사람에게 대학에서 주는 자격.

● **환경 보호** 자연환경의 오염을 막아 위생적이고 쾌적한 생활을 유지하기 위하여 환경을 잘 가꾸고 깨끗이 보존하는 일.

1
인물

이 글에서 중심이 되는 인물은 누구인지 쓰세요.

● ☐☐☐☐ 박사

2

세부 내용

이 글의 박사가 발견한 침팬지의 특징에 대한 설명으로 알맞은 것은 무엇인가요? (   )

① 사납지 않다.

② 채소만 먹는다.

③ 도구를 사용할 수 있다.

④ 혼자 있는 것을 좋아한다.

⑤ 사람과는 친구가 될 수 없다.

3

적용

이 글의 박사에 대한 생각을 알맞게 말한 친구에 ○표 하세요.

(1) 로운: 인간만 사용할 수 있는 도구를 만들어 내다니 정말 멋져.   (   )

(2) 예나: 동물뿐만 아니라 자연에도 관심을 가지고 보호하려고 노력하는 모습이 대단

하게 느껴져.   (   )

4 어휘

관계

㉠과 바꾸어 쓸 수 있는 말은 무엇인가요? (   )

① 연구   ② 정리   ③ 보관

④ 보호   ⑤ 처음

5 어휘

적용

㉡에 들어갈 말로 알맞은 것에 ○표 하세요.

(1) 가슴을 치며   (   )

(2) 가슴에 새기며   (   )

↓ 핵심어

가슴에 새기다

잊지 않게 단단히 마음에 기억하다.

예 할아버지의 소중한 말씀을 ❶◻◻에 새기도록 해야겠다.

답 ❶ (   )

 확장

가슴이 들어간 관용어

가슴을 태우다

몹시 애태우다.

예 열흘 동안 계속해서 많은 비가 내리자 농부들은 하늘만 쳐다보며 ❷◻◻을 태웠다.

답 ❷ (   )

가슴을 펴다

굽힐 것 없이 당당하다.

예 달리기 시합에서 꼴등을 했다고 기죽지 말고 ❸◻◻을 펴고 다니렴.

답 ❸ (   )

이해 다음 관용어의 뜻을 보기 에서 찾아 기호를 쓰세요.

> 보기
> ㉠ 몹시 애태우다.
> ㉡ 굽힐 것 없이 당당하다.
> ㉢ 잊지 않게 단단히 마음에 기억하다.

1 가슴을 펴다 ( )

2 가슴에 새기다 ( )

3 가슴을 태우다 ( )

적용 다음 밑줄 친 말이 바르게 쓰였으면 ○표, 바르지 <u>않으면</u> ×표 하세요.

4 나는 선생님의 가르침을 <u>가슴에 새겼다</u>. ( )

5 세호는 실수를 한 것이 부끄러워서 <u>가슴을 폈다</u>. ( )

6 우리 집 강아지가 아파서 어젯밤에 한숨도 못 자고 <u>가슴을 태웠다</u>. ( )

심화 **7** 다음 글을 읽고, 어울리는 관용어에 ○표 하세요.

> 윤서: 우리나라가 다른 나라로부터 공격을 받아서 어려움에 처했을 때, 우리
>   선조들은 스스로 나서서 열심히 싸웠다고 해.
> 진우: 선조들로부터 본받을 점이 정말 많은 것 같아. 우리나라를 지킨 선조들
>   의 고마움을 절대 잊지 말아야겠어.

(1) 가슴에 새기다 ( )

(2) 간도 쓸개도 없다 ( )

⬜ 벗고 나서서 도와주는 사람들

우리나라에는 도움이 필요한 곳이 있으면 ㉠발 벗고 나서서 도와주는 사람들이 있어요. 바로 열린의사회와 중앙119구조본부에서 일하는 사람들이에요.

열린의사회는 의사, 치과 의사, 간호사뿐만 아니라 회사원, 학생 등 다양한 사람들이 스스로 모여서 **봉사** 활동을 하는 곳이에요. 열린의사회는 가난하거나 주변에 도움을 주는 사람이 없어 병에 걸려도 **치료**를 받지 못하는 사람들을 도와주는 활동을 해요. 또 우리나라 곳곳을 돌면서 근처에 병원이 없어서 치료를 받지 못하는 사람들을 찾아서 치료를 돕고 있어요.

중앙119구조본부는 국가에서 만든 곳으로, 이곳에서 일하는 구조대원들은 사고가 났을 때 사람들을 구하거나 위험에 빠진 사람들을 구해요. 중앙119구조본부의 구조대원들은 사고가 나면 빠르게 **출동**하는 **훈련**과 안전하게 **구조**하는 훈련을 받아요. 빠르고 안전하게 구조하지 않으면 사람들이 크게 다치거나 죽을 수도 있기 때문이에요.

열린의사회나 중앙119구조본부에서 일하는 사람들은 다른 사람을 돕다가 **전염병**에 걸리거나 사고가 난 곳에서 사람을 구하다 **목숨**을 잃기도 해요. 그러므로 목숨을 걸고서라도 도움이 필요한 곳이라면 어디든 발 벗고 나서서 도와주는 사람들에게 ㉡감사한 마음을 가져야겠어요.

5

10

15

- **봉사** 국가나 사회 또는 남을 위하여 자신을 돌보지 아니하고 힘을 바쳐 애씀.
- **치료** 병이나 상처 따위를 잘 다스려 낫게 함.
- **출동** 부대 따위가 일정한 목적을 실행하기 위하여 떠남.
- **훈련** 가르쳐서 익히게 함.
- **구조** 재난 따위를 당하여 어려운 처지에 빠진 사람을 구하여 줌.
- **전염병** 전염성을 가진 병들을 통틀어 이르는 말.
- **목숨** 사람이나 동물이 숨을 쉬며 살아 있는 힘.

1

제목

빈칸에 알맞은 낱말을 넣어 이 글의 제목을 완성하세요.

• ⬜ 벗고 나서서 도와주는 사람들

2

의도

글쓴이가 이 글을 쓴 까닭으로 알맞은 것은 무엇인가요? (   )

① 근처에 병원이 없는 곳을 알려 주려고

② 열린의사회에서 봉사 활동을 하는 방법을 알려 주려고

③ 중앙119구조본부 구조대원이 되는 방법을 알려 주려고

④ 발 벗고 나서서 도와주는 사람들에 대하여 알려 주려고

⑤ 열린의사회나 중앙119구조본부에서 일하는 것이 위험하다는 것을 알려 주려고

3

세부 내용

열린의사회와 중앙119구조본부가 하는 일에 알맞게 각각 기호를 쓰세요.

> ㉮ 사고가 났을 때 사람들을 구하거나 위험에 빠진 사람을 구하는 일을 한다.
>
> ㉯ 가난하거나 주변에 도움을 주는 사람이 없어 병에 걸려도 치료를 받지 못하는
>   사람들을 도와준다.

(1) 열린의사회   (   )

(2) 중앙119구조본부   (   )

4

어휘

뜻

㉠의 뜻으로 알맞은 것의 기호를 쓰세요.

> ㉮ 적극적으로 나서서.
>
> ㉯ 조금도 일을 하려 하지 않아서.

(   )

5

어휘

관계

㉡과 뜻이 비슷한 낱말은 무엇인가요? (   )

① 감기   ② 감시   ③ 감동

④ 사고   ⑤ 고마움

어휘 학습

발 벗고 나서다

적극적으로 나서다.

예 교실을 깨끗하게 하기 위해 반 친구들이 모두 ❶ 벗고 나서서 청소를 했다.

답❶ (   )

발이 들어간 관용어

발을 빼다

어떤 일에서 관계를 완전히 끊고 물러나다.

예 네가 축구 교실을 같이 다니자고 해서 신청했는데, 이제 와서 네가 ❷을 빼면 나는 어떡하니?

답❷ (   )

발이 넓다

사귀어 아는 사람이 많아 활동하는 범위가 넓다.

예 석현이는 ❸이 넓어 모든 반에 친구가 있다.

답❸ (   )

이해 다음 관용어와 뜻을 알맞게 선으로 이으세요.

1 발을 빼다 •

2 발이 넓다 •

3 발 벗고 나서다 •

• ㉮ 적극적으로 나서다.

• ㉯ 어떤 일에서 관계를 완전히 끊고 물러나다.

• ㉰ 사귀어 아는 사람이 많아 활동하는 범위가 넓다.

적용 다음 밑줄 친 말이 바르게 쓰였으면 ○표, 바르지 않으면 ×표 하세요.

4 그는 <u>발이 넓어서</u> 도움을 받을 만한 친구가 없다. ( )

5 그는 도움이 필요한 사람을 보면 항상 <u>발 벗고 나선다</u>. ( )

6 다 같이 합창 대회를 열심히 준비해 왔는데, 갑자기 혼자 <u>발을 빼면</u> 어떡하니?

( )

심화 **7** 다음 글을 읽고, 어울리는 관용어에 ○표 하세요.

> 민수: 재윤아, 저기 앞에 할머니께서 무거운 짐을 들고 길을 가시잖아. 할머니께서 너무 힘드시겠다. 우리 같이 가서 도와드리지 않을래?
>
> 재윤: 그래, 좋은 생각이야. 어서 가자.

⑴ 발 벗고 나서다 ( )

⑵ 엎친 데 덮치다 ( )

귀가 얇아 속아 넘어간 호랑이

옛날 깊은 산속에 어리석은 호랑이 한 마리가 살고 있었어요. 어느 날 꾀가 많은 토끼 한 마리가 호랑이에게 잡혔어요. 토끼는 호랑이에게 자신을 잡아먹지 않으면 떡 아홉 개를 구워 주겠다고 했어요. 호랑이가 좋다고 하자 토끼는 나무에 불을 피우고 떡처럼 생긴 돌멩이를 굽기 시작했어요. 토끼는 호랑이에게 떡을 찍어 먹을 꿀을 얻어 올 때 5 까지 떡을 먹지 말라고 하고는 사라졌어요. 토끼의 말을 믿고 토끼를 기다리던 호랑이가 더 이상 참지 못하고 떡 하나를 먹었어요. 그리고 뜨거워서 땅바닥에 데굴데굴 **굴렀어요**.

시간이 흘러 어느 날, 호랑이와 토끼가 다시 만났어요. 이번에 토끼는 자신을 잡아먹지 않으면 호랑이 앞으로 새를 몰아오겠다고 말했 10 어요. 이 말을 믿은 호랑이는 토끼가 시키는 대로 눈을 감고 새를 기다렸어요. 토끼는 멀리 뛰어가서 호랑이 쪽으로 불을 질렀어요. 나뭇잎이 불에 타는 소리를 새들이 모여드는 소리로 알았던 호랑이는 하마터면 불에 탈 뻔했어요.

추운 겨울밤, 먹이를 찾던 토끼가 다시 호랑이에게 잡혔어요. 토끼 15 는 다시 꾀를 내어 호랑이 **꼬리**로 물고기를 잡아 먹자고 했어요. 호랑이가 좋다고 하자 얼어붙은 강에 **구멍**을 내고, 호랑이 꼬리를 넣었어요. 강물이 얼어 오면서 꼬리가 조여 왔지만 호랑이는 물고기가 잡혀서 꼬리가 무거워진 것으로 알았어요. 결국 호랑이는 꼬리가 얼어붙어 움직이지 못하게 되었어요. 귀가 ⟨ ㉠ ⟩ 토끼의 말에 속아 넘 20 어간 호랑이는 아침이 되어 강가에 나온 사람들에게 잡히고 말았답니다.

● **꾀** 일을 잘 꾸며 내거나 해결해 내거나 하는, 묘한 생각이나 수단.

● **굴렀어요** 어떤 장소에서 누워서 뒹굴었어요.

● **꼬리** 동물의 꽁무니나 몸뚱이의 뒤 끝에 붙어서 조금 나와 있는 부분. 짐승에 따라 조금씩 모양이 다르다.

● **구멍** 뚫어지거나 파낸 자리.

1

인물

이 글에서 중심이 되는 인물은 누구누구인지 쓰세요.

• ☐☐ 와 호랑이

2

주제

이 글의 주제로 알맞은 것의 기호를 쓰세요.

⑦ 남을 속이면 안 됨.
⑭ 자기 생각 없이 남의 말을 쉽게 받아들이면 안 됨.

(   )

3

내용 이해

이 글의 내용과 <u>다른</u> 것은 무엇인가요? (   )

① 호랑이는 토끼를 잡아먹었다.
② 호랑이는 꼬리가 얼어붙어 움직이지 못하여 사람들에게 잡혔다.
③ 호랑이는 물고기를 잡으려고 얼어붙은 강의 구멍에 꼬리를 넣었다.
④ 호랑이는 떡을 구워 준다는 토끼의 말에 속아서 뜨거운 돌멩이를 먹었다.
⑤ 호랑이는 자신의 앞으로 새를 몰아오겠다는 토끼의 말에 속아서 불에 탈 뻔했다.

4

어휘

뜻

아래 내용을 뜻하는 낱말은 무엇인가요? (   )

슬기롭지 못하고 둔하다.

① 굽다   ② 얼다
③ 잡히다   ④ 무겁다
⑤ 어리석다

5

어휘

적용

㉠에 들어갈 알맞은 말은 무엇인가요? (   )

① 작아   ② 좁아
③ 길어   ④ 아파
⑤ 얇아

어휘 학습

귀가 얇다

남의 말을 쉽게 받아들인다.

예 ❶ 가 얇은 보경이는 친구의 말만 듣고 쓸데없는 장난감을 샀다.

답❶ (   )

확장

귀 가 들어간 관용어

귀를 의심하다

믿기 어려운 이야기를 들어 잘못 들은 것이 아닌가 생각하다.

예 항상 일찍 학교에 오던 민영이가 지각을 했다는 말을 듣고 귀를 ❷ ☐ 했다.

답❷ (   )

귀에 못이 박히다

같은 말을 여러 번 듣다.

예 할머니께 편식하지 말라는 말을 귀에 ❸ 이 박히도록 들었다.

☑ 비슷한 말 **귀에 딱지가 앉다** 같은 말을 여러 번 듣다.

답❸ (   )

이해 다음 관용어와 뜻을 알맞게 선으로 이으세요.

1 귀가 얇다 ·　　　　　· ㉮ 같은 말을 여러 번 듣다.

2 귀를 의심하다 ·　　　　　· ㉯ 남의 말을 쉽게 받아들인다.

3 귀에 못이 박히다 ·　　　　　· ㉰ 믿기 어려운 이야기를 들어 잘못 들은 것이 아닌가 생각하다.

적용 자음자를 보고, 다음 상황에 어울리는 관용어를 완성하세요.

4 ㄱ가 얇은 규민이는 남에게 잘 속는다.　　　　　(　　　　　)

5 나와 가장 친한 친구인 민주가 전학을 간다는 소식에 귀를 ㅇㅅ했다.
(　　　　　)

6 학교에서 선생님 말씀을 잘 들으라는 엄마의 말씀을 귀에 ㅁ이 박히도록 들었다.
(　　　　　)

심화 **7** 다음 글을 읽고, 준영이의 태도에 어울리는 관용어에 ○표 하세요.

준영: 나 태권도 배울래.
수지: 난 수영을 배우려고 해.
준영: 그래? 그럼 나도 수영 배워야지.
형식: 난 축구를 배우려고.
준영: 그래? 그럼 나도 축구를 배울까?

(1) 귀가 얇다　　　　　(　　　　　)
(2) 코가 높다　　　　　(　　　　　)

어법

어법은 말을 사용하는 바른 규칙입니다. 어법에 맞는 말을 사용해야
정확하게 뜻을 전달할 수 있습니다.

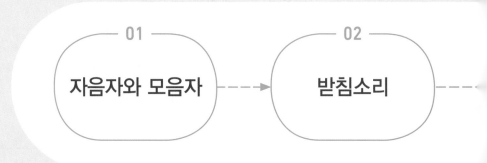

01
자음자와 모음자

02
받침소리

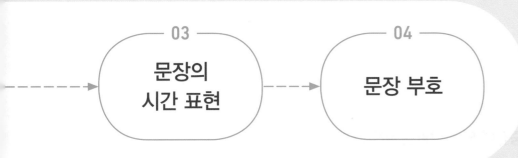

03

문장의
시간 표현

04

문장 부호

자음자와 모음자의 이름

한글의 글자는 자음자와 모음자로 이루어져 있어요. 그중에서 'ㄱ, ㄴ, ㄷ, ㄹ, ㅁ, ㅂ, ㅅ, ㅇ, ㅈ, ㅊ, ㅋ, ㅌ, ㅍ, ㅎ'과 같은 글자를 '자음자'라고 해요. 자음자의 이름은 시작하는 낱자와 두 번째 글자의 **받침**이 그 자음자와 같아요.

ㄱ → 기역

이러한 방법으로 부르는 자음자의 이름은 '기역(ㄱ), 니은(ㄴ), 디귿(ㄷ), 리을(ㄹ), 미음(ㅁ), 비읍(ㅂ), 시옷(ㅅ), 이응(ㅇ), 지읒(ㅈ), 치읓(ㅊ), 키읔(ㅋ), 티읕(ㅌ), 피읖(ㅍ), 히읗(ㅎ)'이에요. 이외에도 같은 자음자를 두 개 **겹쳐서** 만든 'ㄲ, ㄸ, ㅃ, ㅆ, ㅉ'과 같은 자음자도 있어요. 이것들은 자음자의 이름 앞에 '쌍'을 붙여 '쌍기역(ㄲ), 쌍디귿(ㄸ), 쌍비읍(ㅃ), 쌍시옷(ㅆ), 쌍지읒(ㅉ)'이라고 해요.

'ㅏ, ㅑ, ㅓ, ㅕ, ㅗ, ㅛ, ㅜ, ㅠ, ㅡ, ㅣ'와 같은 글자는 '모음자'라고 해요. 모음자의 이름은 모음자에 'ㅇ'을 합한 글자와 같아요.

ㅏ → 아

이러한 방법으로 부르는 모음자의 이름은 '아(ㅏ), 야(ㅑ), 어(ㅓ), 여(ㅕ), 오(ㅗ), 요(ㅛ), 우(ㅜ), 유(ㅠ), 으(ㅡ), 이(ㅣ)'예요. 이외에도 'ㅐ, ㅒ, ㅔ, ㅖ, ㅘ, ㅙ, ㅚ, ㅝ, ㅞ, ㅟ, ㅢ'와 같은 모음자도 있어요. 이것들의 이름 역시 모음자에 'ㅇ'을 합하여 '애(ㅐ), 얘(ㅒ), 에(ㅔ), 예(ㅖ), 와(ㅘ), 왜(ㅙ), 외(ㅚ), 워(ㅝ), 웨(ㅞ), 위(ㅟ), 의(ㅢ)'이라고 해요.

5

10

15

20

---

1 핵심어

이 글에서 가장 중심이 되는 낱말은 무엇인지 쓰세요.

•⬚⬚⬚ 와 ⬚⬚⬚

2

의도

글쓴이가 이 글을 쓴 까닭은 무엇인가요? (   )

① 글자를 만드는 방법을 알려 주려고

② 자음자와 모음자의 이름을 알려 주려고

③ 자음자와 모음자의 개수를 알려 주려고

④ 글자를 예쁘게 쓰는 방법을 알려 주려고

⑤ 자음자와 모음자를 쓰는 순서를 알려 주려고

3

내용 이해

이 글의 내용과 <u>다른</u> 것은 무엇인가요? (   )

① 'ㄲ, ㄸ, ㅃ, ㅆ, ㅉ'은 모음자이다.

② 한글에는 자음자와 모음자가 있다.

③ 모음자의 이름은 모음자에 'ㅇ'을 더하여 만든다.

④ 같은 자음자를 두 개 겹쳐서 만든 자음자도 있다.

⑤ 자음자의 이름은 시작하는 낱자와 두 번째 글자의 받침이 그 자음자와 같다.

4

어법

자음자와 이름이 <u>잘못</u> 짝 지어진 것은 무엇인가요? (   )

① ㄱ – 기역   ② ㄴ – 니은   ③ ㄷ – 디은

④ ㅁ – 미음   ⑤ ㅎ – 히읗

5

어법

모음자와 이름이 알맞게 짝 지어진 것은 무엇인가요? (   )

① ㅏ – 냐   ② ㅗ – 고   ③ ㅜ – 아

④ ㅡ – 으   ⑤ ㅕ – 며

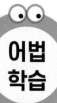

Q 내 이름은 무엇인가요?

❶ 티귿   ❷ 티읕

자음자

'ㄱ, ㄴ, ㄷ, ㄹ, ㅁ, ㅂ, ㅅ, ㅇ, ㅈ, ㅊ, ㅋ, ㅌ, ㅍ, ㅎ'과 같은 글자

❶ 자음자

ㄱ	ㄴ	ㄷ	ㄹ	ㅁ	ㅂ	ㅅ
기역	니은	디귿	리을	미음	비읍	시옷
ㅇ	ㅈ	ㅊ	ㅋ	ㅌ	ㅍ	ㅎ
이응	지읒	치읓	키읔	티읕	피읖	히읗

❷ 같은 자음자를 두 개 겹쳐서 만든 자음자

ㄲ	ㄸ	ㅃ	ㅆ	ㅉ
쌍기역	쌍디귿	쌍비읍	쌍시옷	쌍지읒

모음자

'ㅏ, ㅑ, ㅓ, ㅕ, ㅗ, ㅛ, ㅜ, ㅠ, ㅡ, ㅣ'와 같은 글자

ㅏ	ㅑ	ㅓ	ㅕ	ㅗ	ㅛ	ㅜ	ㅠ	ㅡ	ㅣ
아	야	어	여	오	요	우	유	으	이
ㅐ	ㅒ	ㅔ	ㅖ	ㅘ	ㅙ	ㅚ	ㅝ	ㅞ	ㅟ	ㅢ
애	얘	에	예	와	왜	외	워	웨	위	의

이해 자음자와 모음자에 대한 설명으로 알맞으면 ○표, 알맞지 <u>않으면</u> ×표 하세요.

1 'ㅏ, ㅑ, ㅓ, ㅕ, ㅗ, ㅛ, ㅜ, ㅠ, ㅡ, ㅣ'는 모음자이다. ( )

2 모음자의 이름은 모음자에 'ㅇ'을 합한 글자와 같다. ( )

3 'ㄱ, ㄴ, ㄷ, ㄹ, ㅁ, ㅂ, ㅅ, ㅇ, ㅈ, ㅊ, ㅋ, ㅌ, ㅍ, ㅎ'은 자음자이다.

( )

적용 다음 자음자와 모음자의 이름을 쓰세요.

4 (1) ㄱ ( ) (2) ㅅ ( )

5 (1) ㅡ ( ) (2) ㅒ ( )

6 (1) ㄸ ( ) (2) ㅉ ( )

심화 **7** 다음 밑줄 친 낱말에서 자음자를 모두 찾아 쓰세요.

> <u>지구</u>에는 약 200개의 나라가 있는데, 언어의 수는 그보다 훨씬 많아요. 그 중 사람들이 가장 많이 쓰는 언어는 영어이고, 우리나라 말을 쓰는 사람의 수는 세계에서 열두 번째로 많다고 해요.

( )

핵심어

받침소리

한 소리마디의 맨 나중에
나는 소리. '감'의 'ㅁ'이나,
'공'의 'ㅇ' 등을 말함.

받침소리

'무'와 '물'의 생김새는 비슷해 보이지만 뜻도 다르고 소리도 달라요. 두 낱말의 다른 점은 무엇일까요? '무'에는 **받침**이 없지만 '물'에는 받침 'ㄹ'이 있다는 거예요. 이처럼 받침이 없는 글자의 아래쪽에 자음자를 붙이면 받침이 있는 글자가 되어요. 자음자인 'ㄱ, ㄴ, ㄷ, ㄹ, ㅁ, ㅂ, ㅅ, ㅇ, ㅈ, ㅊ, ㅋ, ㅌ, ㅍ, ㅎ'은 모두 받침으로 사용할 수 있어요. 그런데 'ㄱ, ㄴ, ㄷ, ㄹ, ㅁ, ㅂ, ㅇ'은 받침에서 글자 **그대로** 소리가 나지만, 'ㅅ, ㅈ, ㅊ, ㅋ, ㅌ, ㅍ, ㅎ'은 소리가 바뀌어서 나요.

국[국]	눈[눈]	곧[곧]	말[말]	밤[밤]	집[집]	붓[붇]
상[상]	낮[낟]	윷[윧]	엌[억]	팥[팓]	숲[숩]	놓[녿]

'붓[붇], 낮[낟], 윷[윧], 팥[팓], 놓[녿]'과 같이 'ㅅ, ㅈ, ㅊ, ㅌ, ㅎ'은 [ㄷ]으로 바뀌어 소리가 나요. '엌[억]'과 같이 'ㅋ'은 [ㄱ]으로 바뀌어 소리가 나지요. '숲[숩]'과 같이 'ㅍ'은 [ㅂ]으로 바뀌어 소리 나요.

• **받침** 한글을 적을 때 모음 글자 아래에 받쳐 적는 자음자.

• **그대로** 변함없이 그 모양으로.

1

핵심어

이 글에서 가장 중심이 되는 낱말은 무엇인지 쓰세요.

• [　][　]소리

2

내용 이해

'무'와 '물'의 다른 점으로 알맞지 <u>않은</u> 것은 무엇인가요? (   )

① 뜻이 다르다.

② 소리가 다르다.

③ 생김새가 다르다.

④ 쓰인 모음자가 다르다.

⑤ '무'에는 받침이 없지만 '물'에는 받침이 있다.

3

추론

이 글을 읽고 알맞게 짐작한 친구의 이름을 쓰세요.

> 온유: 모음자는 받침이 될 수 없겠구나.
>
> 나린: 글자 그대로 소리가 나지 않는 받침은 되도록 쓰지 않는 것이 좋겠어.

(   )

4

어법

받침이 될 때 자음자 그대로 소리 나는 것이 <u>아닌</u> 것은 무엇인가요? (   )

① ㄴ   ② ㄹ   ③ ㅁ

④ ㅇ   ⑤ ㅌ

5

어법

'숲'을 소리 나는 대로 쓴 것으로 알맞은 것은 무엇인가요? (   )

① [순]   ② [숫]   ③ [숲]

④ [술]   ⑤ [숙]

어법 학습

동영상 강의

⤵ 핵심어

Q 극장에 들어갈 수 있는 받침은 무엇인가요?

받침에서 글자 그대로 소리가 나는 것만 극장에 입장 가능합니다!

어서 오세요.

들어올 수 없습니다.

❶ ㅇ

❷ ㅍ

🔵 받침소리

한 소리마디의 맨 나중에 나는 소리. '감'의 'ㅁ'이나, '공'의 'ㅇ' 등을 말함.

• 'ㄱ, ㄴ, ㄷ, ㄹ, ㅁ, ㅂ, ㅇ'은 받침에서 글자 그대로 소리가 나지만, 'ㅅ, ㅈ, ㅊ, ㅋ, ㅌ, ㅍ, ㅎ'은 소리가 바뀌어서 남.

받침	소리	예
ㄱ, ㅋ	[ㄱ]	학[학], 엌[억]
ㄴ	[ㄴ]	반[반]
ㄷ, ㅌ	[ㄷ]	닫[닫], 끝[끋]
ㅅ		옷[옫]
ㅈ, ㅊ		낮[낟], 꽃[꼳]
ㅎ		놓[녿]
ㄹ	[ㄹ]	글[글]
ㅁ	[ㅁ]	밤[밤]
ㅂ, ㅍ	[ㅂ]	입[입], 숲[숩]
ㅇ	[ㅇ]	공[공]

이해 다음 낱말과 소리를 알맞게 선으로 이으세요.

1 방 ·   · ㉮ [방]

2 밭 ·   · ㉯ [발]

3 발 ·   · ㉰ [받]

적용 밑줄 친 낱말을 소리 나는 대로 쓴 것에 ○표 하세요.

4 나는 약속 장소에 곧 도착한다.   [곧, 곳]

5 이 공원의 끝에는 호수가 있다.   [끝, 끋]

6 나는 밖에 나가려고 옷을 입었다.   [온, 옷]

심화 **7** ㉠과 ㉡을 소리 나는 대로 쓰세요.

> 지난 일요일에 ㉠가족과 함께 숲으로 산책을 다녀왔다. 숲에는 ㉡봄꽃들이 예쁘게 피어 있었다. 풍경을 감상하면서 산을 올라가다 보니 어느새 정상에 다 와 있었다. 땀이 많이 나고 힘들었지만 기분은 상쾌했다.

(1) ㉠: [   ]

(2) ㉡: [   ]

03

문장의 시간 표현

문장에서 지나간 때, 지금
이 시간, 앞으로 올 때와
같은 시간의 흐름을 나타
내는 표현.

문장의 [   ] 표현

시간의 흐름에는 **지나간** 때, 지금 이 시간, 앞으로 올 때가 있어요. 이러한 시간의 흐름을 **문장**에서는 어떻게 나타낼 수 있을까요?

먼저 '나는 어제 짜장면을 먹었다.'라는 문장을 살펴보아요. 이 문장에서 '나'는 말하고 있는 때보다 **앞선** '어제' 일어난 일을 이야기하고 있어요. 그래서 '먹다'에 '−었−'을 붙여 '먹었다'라고 표현했어요. 5
이와 같이 지나간 때에 일어난 일을 문장으로 표현할 때는 '−았−, −었−, −았었−, −었었−, −더−' 등을 붙이거나 '어제, 옛날' 등을 함께 사용해요.

다음으로 '나는 지금 짜장면을 먹는다.'라는 문장을 살펴보아요. 이 문장에서 '나'는 말하고 있는 때인 '지금' 일어나는 일을 이야기하고 10 있어요. 이와 같이 지금 이 시간에 일어나는 일을 문장으로 표현할 때는 '먹는다'처럼 '−는−'이나 '−(으)ㄴ'을 붙이기도 하고, '지금, 오늘' 등을 함께 사용해요.

마지막으로 '나는 내일 짜장면을 먹겠다.'라는 문장을 살펴보아요. 이 문장에서 '나'는 말하고 있는 때보다 나중인 '내일' 일어날 일을 이 15 야기하고 있어요. 이와 같이 앞으로 올 때에 일어날 일을 문장으로 표현할 때는 '먹겠다'처럼 '−겠−'이나 '−ㄹ 것−' 등을 붙이거나 '내일, 모레' 등을 함께 사용해요.

● **지나간** 시간이 흘러가서 그 시기에서 벗어난.

● **문장**(글월 문 文, 글월 장 章) 생각을 말로 표현할 때 하나의 정리된 뜻을 나타내는 말의 단위.

● **앞선** 동작 따위가 먼저 이루어진.

1 제목

빈칸에 알맞은 낱말을 넣어 이 글의 제목을 완성하세요.

● 문장의 [   ][   ] 표현

2
내용 이해

이 글을 통해 알 수 있는 내용이 <u>아닌</u> 것을 두 가지 고르세요. (,   )

① 마음을 나타내는 표현

② 높임을 나타내는 표현

③ 지나간 때에 일어난 일을 나타내는 표현

④ 앞으로 올 때에 일어날 일을 나타내는 표현

⑤ 지금 이 시간에 일어나는 일을 나타내는 표현

3
세부 내용

시간의 흐름에 어울리는 문장을 알맞게 선으로 이으세요.

(1) **지나간 때** •

(2) **지금 이 시간** •

(3) **앞으로 올 때** •

• ㉮ 나는 지금 짜장면을 먹는다.

• ㉯ 나는 어제 짜장면을 먹었다.

• ㉰ 나는 내일 짜장면을 먹겠다.

4
어법

지나간 때에 일어난 일을 나타내는 시간 표현이 <u>아닌</u> 것은 무엇인가요? (   )

① 읽었다   ② 있었다   ③ 보았다

④ 하겠다   ⑤ 만났었다

5
어법

다음 문장의 내용에 어울리는 시간 표현에 ○표 하세요.

나는 어제 영화를 (본다, 보았다, 보겠다).

핵심어

Q 오늘 있었던 일을 쓴 일기는 무엇인가요?

❶ 나는 아빠와 운동을 했다.

❷ 나는 아빠와 운동을 할 것이다.

문장의 시간 표현

문장에서 지나간 때, 지금 이 시간, 앞으로 올 때와 같은 시간의 흐름을 나타내는 표현임.

❶ 지나간 때에 일어난 일을 나타내는 시간 표현

시간 표현	
−았−, −었−, −았었−, −었었−, −더−	어제, 옛날

예 형은 어제 피아노를 연주했었다.

❷ 지금 이 시간에 일어나는 일을 나타내는 시간 표현

시간 표현	
−는−, −(으)ㄴ−	지금, 오늘

예 형은 지금 피아노를 연주한다.

❸ 앞으로 올 때에 일어날 일을 나타내는 시간 표현

시간 표현	
−겠−, −ㄹ 것−	내일, 모레

예 형은 내일도 피아노를 연주할 것이다.

이해 다음 문장의 시간 표현이 바르면 ○표, 바르지 <u>않으면</u> ×표 하세요.

1 어제 비바람이 불었다. ( )

2 지금은 내 몸이 안 아프겠다. ( )

3 누나는 내일 학교에 갈 것이다. ( )

적용 다음 시간 표현에 해당하는 문장을 보기 에서 찾아 기호를 쓰세요.

> **보기**
>
> ㉮ 수지는 지금 잔다.
> ㉯ 이 부분을 노랗게 칠하면 더 예쁘겠다.
> ㉰ 중학교 때보다 초등학교 때 공부를 잘했었다.

4 지나간 때 ( )

5 지금 이 시간 ( )

6 앞으로 올 때 ( )

심화 **7** ㉠~㉢ 중에서 앞으로 올 때에 일어날 일을 나타내는 시간 표현 두 개를 찾아 기호를 쓰세요.

> 추워진 날씨 탓인지 어제저녁부터 열이 나서 끙끙 ㉠<u>앓았다</u>. 오늘 아침에 일어났을 때도 몸이 좋지 ㉡<u>않았다</u>. 그래서 점심에는 할머니께서 정성스럽게 만들어 주신 전복죽을 ㉢<u>먹을 것이다</u>. 점심을 먹고 나서는 집 근처에 있는 병원에 ㉣<u>가야겠다</u>.

( )

문장 부호

핵심어

문장 부호

문장의 뜻을 이해하기 쉽
도록 도와주는 것으로 마
침표(.), 쉼표(,), 물음표(?),
느낌표(!) 등이 있음.

문장 부호는 문장의 뜻을 이해하기 쉽도록 도와주기 위해서 사용해요. 그런데 문장 부호를 정확한 모양으로 쓰지 않거나 잘못된 곳에 쓰면 오히려 문장의 뜻을 **헷갈리게** 할 수도 있어서 주의해야 해요.

먼저 가장 자주 볼 수 있는 ' . '의 이름은 '마침표'예요. 마침표라는 말 대신 '온점'이라고도 불러요. 마침표는 설명하는 문장의 끝에 쓰는 문장 부호로, '오늘은 토요일이다.'처럼 한 문장이 끝나고 나면 마침표를 찍어요.

' , '의 이름은 '쉼표'예요. 쉼표라는 말 대신 '반점'이라고도 불러요. 쉼표는 문장 중간에 쓰는 문장 부호로, '사과, 배, 딸기는 과일이다.'처럼 낱말들을 늘어놓을 때 낱말과 낱말 사이에 써요. "선생님, 제가 발표할게요."처럼 부르는 말이나 "네, 선생님."처럼 대답하는 말 뒤에 쓰기도 해요.

'?'의 이름은 '물음표'예요. "저기에 가면 아이스크림이 있을까?"처럼 궁금한 것을 물을 때 문장의 끝에 물음표를 써요. 물음표가 쓰인 문장을 읽을 때는 궁금한 것을 물어보는 **말투**로 문장의 끝을 올려서 읽어야 해요.

마지막으로 '!'의 이름은 '느낌표'예요. '꽃이 예쁘구나!'처럼 느낌을 나타낼 때 느낌표를 써요. 느낌표도 물음표처럼 문장의 끝에 써야 한답니다.

5

10

15

- **문장 부호** 글에서 문장의 구조를 잘 드러내거나 글쓴이의 의도를 쉽게 전달하기 위하여 쓰는 여러 가지 부호.
- **헷갈리게** 여러 가지가 뒤섞여 갈피를 잡지 못하게.
- **말투** 말을 하는 버릇이나 본새.

1

설명 대상

이 글에서 설명하는 것은 무엇인지 쓰세요.

⊙ ☐☐☐☐ 의 종류와 쓰임

2 이 글의 내용과 <u>다른</u> 것은 무엇인가요? (   )

내용 이해

① '!'의 이름은 '느낌표'이다.

② 물음표는 문장의 끝에 쓴다.

③ 마침표를 '온점'이라고 부르기도 한다.

④ 문장이 끝나면 반드시 쉼표를 찍어야 한다.

⑤ 문장 부호는 문장의 뜻을 이해하기 쉽도록 도와주기 위해서 사용한다.

3 다음 설명에 맞는 문장 부호의 이름은 무엇인가요? (   )

세부 내용

> 이 문장 부호가 쓰인 문장을 읽을 때는 문장의 끝을 올려서 읽어야 한다.

① 쉼표   ② 물결표   ③ 마침표

④ 느낌표   ⑤ 물음표

4 문장 부호와 그 쓰임을 알맞게 선으로 이으세요.

어법

(1)   **느낌표(!)** •   •㉮ 느낌을 나타낼 때 쓴다.

(2)   **쉼표(,)** •   •㉯ 설명하는 문장의 끝에 쓴다.

(3)   **마침표(.)** •   •㉰ 부르는 말이나 대답하는 말 뒤에 쓴다.

5 빈칸에 들어갈 알맞은 문장 부호는 무엇인가요? (   )

어법

> 희민: 예린아, 어디 가는 길이야 ☐
>
> 예린: 책을 사러 서점에 가는 길이야.

① .   ② ,   ③ !   ④ ?   ⑤ ……

↓ 핵심어

Q 똥을 밟을 뻔 했을 때는 어떤 문장 부호를 사용해야 할까요?

깜짝이야?
❶ ?(물음표)

깜짝이야!
❷ !(느낌표)

⦿ 문장 부호

문장의 뜻을 이해하기 쉽도록 도와주는 것.

문장 부호	이름	쓰임
.	마침표	설명하는 문장의 끝에 씀. 예 내가 가장 좋아하는 음식은 된장찌개이다.
,	쉼표	• 낱말들을 늘어놓을 때 낱말과 낱말 사이에 씀. 예 나는 계란, 우유, 과자를 샀다. • 부르는 말이나 대답하는 말 뒤에 씀. 예 민정아, 우리 다음 주에 공원에 놀러 가자.
?	물음표	궁금한 것을 물을 때 문장의 끝에 씀. 예 이 공책 어디에서 샀어?
!	느낌표	느낌을 나타낼 때 문장의 끝에 씀. 예 깜짝이야! 소리도 없이 다가와서 놀랐잖아.

이해 다음 밑줄 친 문장 부호의 사용이 바르면 ○표, 바르지 <u>않으면</u> ×표 하세요.

1 내 이름은 한유정이야<u>,</u>   (   )

2 푸른 하늘이 참 아름답구나<u>!</u>   (   )

3 형이 좋아하는 과일은 참외<u>,</u> 수박<u>,</u> 복숭아입니다.   (   )

적용 다음 밑줄 친 문장 부호를 바르게 고쳐 쓰세요.

4 효진아, 우리 학교 끝나고 집에 같이 갈까<u>.</u>   (   )

5 내가 가고 싶은 나라는 일본<u>.</u> 미국<u>.</u> 프랑스입니다.   (   )

6 오늘은 선생님과 교실 청소를 하기로 약속한 날이다<u>?</u>   (   )

심화 **7** ㉠과 ㉡에 들어갈 알맞은 문장 부호를 쓰세요.

> 선생님: 정윤이는 지난 주말에 무엇을 했니 ㉠
>
> 정윤: 저는 식구들이랑 시골에 계시는 할아버지 댁에 다녀왔어요. 할아버지 댁에 가서 농사일도 도와드리고 옥수수도 따 먹었어요. 정말 재미있었어요.
>
> 선생님: 와 ㉡ 정윤이가 신나는 주말을 보내고 왔구나.

(1) ㉠: (   )

(2) ㉡: (   )

어휘 찾아보기

어휘 찾아보기

동아출판 초등 무료 스마트러닝

동아출판 초등 **무료 스마트러닝**으로 쉽고 재미있게!

과목별·영역별 특화 강의

수학 개념 강의

국어 독해 지문 분석 강의

구구단 송

그림으로 이해하는 비주얼씽킹 강의

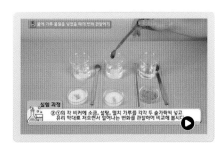

과학 실험 동영상 강의

과목별 문제 풀이 강의

서비스 제공 교재 큐브 | 백점 과학 | 빠작 초등 국어 | 초능력 | 초고필 | 하이탑 초등 과학

독해력을 키우는 **바른 어휘 학습**

정답과 해설

초등 국어

어휘 X 독해 1 단계
1·2학년

동아출판

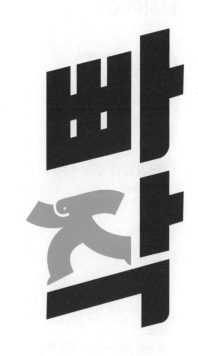

정답과 해설

012~013 쪽

1 나무 2 ⑤ 3 ㉮

4 ⑤ 5 ④

『아낌없이 주는 나무』
의 주제

글의 종류
독서 감상문

글의 특징
『아낌없이 주는 나무』를 읽
고 쓴 독서 감상문입니다.

주제
자신의 모든 것을 내어 주는
사랑이 주제인 『아낌없이 주
는 나무』

1 『아낌없이 주는 나무』는 사랑하는 소년에게 자신이 가진 모든 것을 내어 주는 나무의 이야기입니다. 따라서 '소년'과 '나무'가 중심인물입니다.

2 이 글은 『아낌없이 주는 나무』를 읽고 줄거리와 느낌을 쓴 독서 감상문입니다.

　❤ 오답 풀이
　① 나무가 자라는 과정에 대한 내용은 이 글에서 찾을 수 없습니다.
　② 이 글은 독서 감상문으로, 편지의 형식으로 쓴 글은 아닙니다.
　③ 나무를 함부로 베지 말자고 주장하는 글은 아닙니다.
　④ 『아낌없이 주는 나무』의 글쓴이에 대한 내용은 나타나 있지 않습니다.

3 나무는 소년에게 자신이 가진 모든 것을 내어 주고, 자신에게 마지막으로 남은 밑동마저 소년이 쉴 수 있도록 내어 주었습니다. 이러한 나무의 모습에서 소년을 사랑하는 마음을 짐작할 수 있습니다.

4 '주인공'의 뜻은 '연극, 영화, 소설 따위에서 사건의 중심이 되는 인물.'입니다.

　어휘력 더하기 두 가지 이상의 뜻을 가진 낱말을 다의어라고 합니다. '주인공'은 '연극, 영화, 소설 따위에서 사건의 중심이 되는 인물.'이라는 뜻도 있지만 '어떤 일에서 중심이 되거나 주도적인 역할을 하는 사람.'이라는 뜻도 지니고 있습니다.

5 ㉡에는 '예술 작품에서 지은이가 나타내고자 하는 기본적인 생각.'이라는 뜻을 지닌 '주제'가 들어가는 것이 알맞습니다.

알쏭달쏭 맞춤법 ＊맞춤법에 맞게 쓴 낱말에 ○표 하세요.

• 엄마는 손이 (고아요 , 고와요).

[맞춤법 더하기] 모음자 ' ㅏ '와 모음자 ' ㅘ'는 소리가 비슷해서 헷갈리기 쉬우므로 어떤 낱말에 어떤 모음자를 쓰는지 잘 기억하고 바르게 쓰도록 해요.

정답 고와요

---

014 쪽

❶ 주제　　❷ 주장
❸ 주인공

015 쪽 　이해　적용　심화

1 ㉯　2 ㉰　3 ㉮

4 주인공　　5 주장

6 주제　　　7 ③

어휘 학습

이해

1 '주제'는 '예술 작품에서 지은이가 나타내고자 하는 기본적인 생각.'을 뜻합니다.

2 '주장'은 '자기의 이론이나 의견을 내세우는 것. 또는 그 의견이나 이론.'을 뜻합니다.

3 '주인공'은 '연극, 영화, 소설 따위에서 사건의 중심이 되는 인물.'을 뜻합니다.

적용

4 '이야기의 중심이 되는 인물'과 비슷한 뜻을 지닌 말은 '연극, 영화, 소설 따위에서 사건의 중심이 되는 인물.'이라는 뜻의 '주인공'입니다.

5 '자신의 의견만 내세우는 것'과 비슷한 뜻을 지닌 말은 '자기의 이론이나 의견을 내세우는 것. 또는 그 의견이나 이론.'이라는 뜻의 '주장'입니다.

6 '중심이 되는 생각'과 비슷한 뜻을 지닌 말은 '예술 작품에서 지은이가 나타내고자 하는 기본적인 생각.'이라는 뜻의 '주제'입니다.

심화

7 주장하는 글을 쓸 때는 나의 의견을 분명하게 밝히고, 그 의견을 뒷받침하는 알맞은 까닭을 함께 써야 합니다.

016~017쪽

1 동물   2 ③

3 (1) ○ (2) ○   4 ②

5 ⑤

추운 북극에도 동물이 살아요

글의 종류
설명하는 글

글의 특징
북극에 사는 동물에 대하여 설명하는 글입니다.

주제
북극에 사는 동물

1 이 글은 북극에 사는 동물에 대하여 설명하는 글입니다.

2 북극토끼의 털은 겨울에는 흰색, 여름에는 회색이라고 하였습니다.

    ✔ 오답 풀이
① 세 번째 문단에서 북극토끼는 다리가 길어서 위험할 때 빠르게 달려 도망칠 수 있다고 하였습니다.
② 두 번째 문단에서 북극곰의 피부는 검은색이라고 하였습니다.
④ 두 번째 문단에서 북극곰의 발가락 사이에는 물갈퀴가 있다고 하였습니다.
⑤ 첫 번째 문단에서 북극은 거대한 얼음덩어리가 떠 있는 매우 추운 곳이라고 하였습니다.

3 네 번째 문단에서 북극고래는 다른 고래보다 긴 수염을 가지고 있고, 수명도 매우 길어서 200년 이상 살 수 있다고 하였습니다. 털은 투명하고 피부의 색깔이 검은색인 것은 북극곰입니다.

4 '사람이나 동물의 입가에 난 털.'을 뜻하는 말은 '수염'입니다.

5 '짐승'은 '사람이 아닌 동물을 이르는 말.'이라는 뜻이므로 '동물'과 비슷한 뜻을 지닌 말이라고 할 수 있습니다.

    어휘력 더하기 '생물'의 뜻은 '생명을 가지고 있는 동물과 식물.'입니다. 따라서 '생물'은 '식물'과 '동물'을 모두 포함하는 말이라고 할 수 있습니다. 식물은 대체로 이동하지 못한다는 것이 동물과의 다른 점입니다.

알쏭달쏭 맞춤법   *맞춤법에 맞게 쓴 낱말에 ○표 하세요.

• (자새 , 자세)를 바르게 해요.

[맞춤법 더하기] 모음자 'ㅐ'와 모음자 'ㅔ'는 소리가 비슷해서 헷갈리기 쉬우므로 어떤 낱말에 어떤 모음자를 쓰는지 잘 기억하고 바르게 쓰도록 해요.

                                                     정답 자세

어휘 학습

018 쪽

❶ 동물   ❷ 물건
❸ 식물

이해

1 '풀이나 나무나 버섯 등의 생물.'을 뜻하는 말은 '식물'입니다.

2 '짐승·새·벌레·물고기 등의 생물.'을 뜻하는 말은 '동물'입니다.

3 '사람이 쓰려고 만든, 일정한 모양이 있는 온갖 것.'을 뜻하는 말은 '물건'입니다.

019 쪽   이해   적용   심화

1 식물   2 동물   3 물건

4 ④   5 ②   6 ④

7 ②

적용

4 '물건'은 '사람이 쓰려고 만든, 일정한 모양이 있는 온갖 것.'을 뜻하므로 ④의 빈칸에 들어가는 것이 알맞습니다.

5 '동물'은 '짐승·새·벌레·물고기 등의 생물.'을 뜻하므로 ②의 빈칸에 들어가는 것이 알맞습니다.

6 '식물'은 '풀이나 나무나 버섯 등의 생물.'을 뜻하므로 ④의 빈칸에 들어가는 것이 알맞습니다.

심화

7 '풀이나 나무나 버섯 등의 생물.'을 뜻하는 '식물'에 대한 글이므로 빈칸에는 '식물'이 들어가는 것이 알맞습니다.

세계 여러 국가의 축제, 올림픽!

글의 종류
설명하는 글

글의 특징
올림픽의 역사와 특징을 설명하는 글입니다.

주제
올림픽의 역사와 특징

1 이 글은 올림픽의 역사와 특징에 대하여 설명하는 글이므로 제목의 빈칸에는 '올림픽'이 들어가는 것이 알맞습니다.

2 이 글은 올림픽의 역사와 특징을 설명하기 위해 쓴 글입니다.

❤ 오답 풀이
② 운동의 좋은 점에 대한 부분은 나타나 있지 않습니다.
③ 운동 경기의 종류를 알려 주는 글은 아닙니다.
④ 우리나라에서 열릴 올림픽 경기에 대한 내용은 없습니다.
⑤ 그리스의 제우스 신에 대하여 알리기 위해 쓴 글은 아닙니다.

3 옛날 그리스의 올림피아제 때 경기에서 우승한 사람은 올리브 나뭇가지로 만든 월계관을 상으로 받았고, 오늘날의 올림픽에서 1, 2, 3등을 한 사람은 각각 금메달과 은메달 그리고 동메달을 받는다고 하였습니다.

4 '영웅'은 '재주와 용기가 특별히 뛰어난 사람.'이라는 뜻입니다.

5 '국가'는 '일정한 땅과 거기에 사는 국민과 그들을 다스리는 하나의 조직을 가진 집단.'을 뜻하므로, 이와 바꾸어 쓸 수 있는 말은 '한 국토에서 하나의 정부 아래에 뭉쳐 있는 사람들의 조직.'을 뜻하는 '나라'입니다.

어휘력 더하기 ① '경기'는 '일정한 규칙 아래 기량과 기술을 겨룸. 또는 그런 일.'을 뜻합니다. ② '운동'은 '사람이 몸을 단련하거나 건강을 위하여 몸을 움직이는 일.'을 뜻합니다. ④ '도시'는 '일정한 지역의 정치·경제·문화의 중심이 되는, 사람이 많이 사는 지역.'을 뜻합니다. ⑤ '국기'는 '한 나라를 나타내는 깃발.'을 뜻합니다.

알쏭달쏭 맞춤법 ＊맞춤법에 맞게 쓴 낱말에 ○표 하세요.

• 큰 (바이 , 바위)에 올라가요.
[맞춤법 더하기] 모음자 'ㅣ'와 모음자 'ㅟ'는 소리가 비슷해서 헷갈리기 쉬우므로 어떤 낱말에 어떤 모음자를 쓰는지 잘 기억하고 바르게 쓰도록 해요.
정답 바위

어휘 학습

이해
1 '한 나라를 나타내는 깃발.'을 뜻하는 말은 '국기'입니다.

2 '한 나라에 속하며 그 나라를 이루는 사람들.'을 뜻하는 말은 '국민'입니다.

3 '일정한 땅과 거기에 사는 국민과 그들을 다스리는 하나의 조직을 가진 집단.'을 뜻하는 말은 '국가'입니다.

적용
4 '국가'는 '일정한 땅과 거기에 사는 국민과 그들을 다스리는 하나의 조직을 가진 집단.'을 뜻하므로 ④의 빈칸에 들어가는 것이 알맞습니다.

5 '국기'는 '한 나라를 나타내는 깃발.'을 뜻하므로 ㉱의 빈칸에 들어가는 것이 알맞습니다.

6 '국민'은 '한 나라에 속하며 그 나라를 이루는 사람들.'을 뜻하므로 ㉮의 빈칸에 들어가는 것이 알맞습니다.

심화
7 '국가'와 뜻이 비슷한 말은 '한 국토에서 하나의 정부 아래에 뭉쳐 있는 사람들의 조직.'을 뜻하는 '나라'입니다.

소라게를 매일 관찰했어요

글의 종류
생활문

글의 특징
소라게를 매일 관찰하며 알게 된 소라게의 특징을 쓴 글입니다.

주제
소라게의 특징

1 이 글은 매일 소라게를 관찰하며 알게 된 소라게의 특징을 쓴 글이므로 제목의 빈칸에는 '소라게'가 들어가는 것이 알맞습니다.

2 세 번째 문단에서 소라게는 소나 조개의 껍데기를 주워서 집처럼 등에 지고 다닌다고 하였습니다.

✔ **오답 풀이**
① 두 번째 문단의 마지막 문장에서 소라게가 단맛이 나는 과일을 아주 좋아한다고 하였습니다.
③ 두 번째 문단에서 소라게는 야채, 마른 멸치 등 다양한 것을 잘 먹었다고 하였습니다.
④ 두 번째 문단에서 소라게는 낮에는 껍데기 속에 숨어 있다가 밤에 활발하게 기어다녔다고 하였습니다.
⑤ 세 번째 문단에서 소라게는 자랄 때마다 몸에 맞는 더 큰 껍데기를 찾아 집을 바꾼다고 하였습니다.

3 이 글에서 소라게는 밝고 시끄러운 곳보다는 어둡고 조용한 곳을 좋아한다고 하였습니다.

4 '매번'의 뜻은 '매 때마다.'입니다.

5 '날마다.'라는 뜻을 가진 '매일'은 ⑭의 빈칸에 들어가는 것이 어울립니다. ㉮의 빈칸에는 '한 해 한 해.'의 뜻을 가진 '매년'이나 '매해'가 들어가는 것이 어울립니다.

어휘력 더하기 매일(每日)과 매년(每年), 매해(每해)는 모두 '마다'라는 뜻의 한자 '매(每)'가 들어간 말이라는 공통점이 있습니다.

알쏭달쏭 맞춤법 ＊맞춤법에 맞게 쓴 낱말에 ○표 하세요.

• 조상의 (지혜 , 지헤)를 배워요.
[맞춤법 더하기] 모음자 'ㅔ'와 모음자 'ㅖ'는 소리가 비슷해서 헷갈리기 쉬우므로 어떤 낱말에 어떤 모음자를 쓰는지 잘 기억하고 바르게 쓰도록 해요.
정답 지혜

어휘학습

이해

1 '매 때마다.'를 뜻하는 말은 '매번'입니다.

2 '그날그날. 날마다.'를 뜻하는 말은 '매일'입니다.

3 '한 해 한 해. 해마다.'를 뜻하는 말은 '매년'입니다.

적용

4 '매해'와 비슷한 뜻을 지닌 말은 '한 해 한 해. 해마다.'라는 뜻의 '매년'입니다.

5 '날마다'와 비슷한 뜻을 지닌 말은 '그날그날. 날마다.'라는 뜻의 '매일'입니다.

6 '번번이'와 비슷한 뜻을 지닌 말은 '매 때마다.'라는 뜻의 '매번'입니다.

심화

7 이 글에서 설명하는 '일기'는 '하루 동안 자기가 겪은 일과 감상을 매일 적은 글.'을 말합니다. 따라서 빈칸에 들어갈 알맞은 말은 '매일'입니다.

어휘력 더하기 '가끔'은 '시간적·공간적 간격이 얼마쯤씩 있게.'라는 뜻입니다.

028~029 쪽

1 에펠 탑   2 ③

3 ④   4 ⑤   5 (1) ○

에펠 탑은 박람회장의 입구였대요

글의 종류
설명하는 글

글의 특징
프랑스 파리에 있는 에펠 탑에 대하여 설명하는 글입니다.

주제
에펠 탑의 역사와 특징

---

1 이 글은 프랑스 파리에 있는 에펠 탑에 대하여 설명하고 있습니다.

2 마지막 문단에서 입장료를 내면 에펠 탑 위로 올라갈 수 있다고 하였습니다.

✔ **오답 풀이**
① 세 번째 문단에서 에펠 탑에 라디오나 텔레비전의 안테나를 놓게 되면서 오늘날까지 남아 있을 수 있었다고 하였습니다.
② 첫 번째 문단에서 에펠 탑은 프랑스 파리에 있다고 하였습니다.
④ 첫 번째 문단에서 1889년에 에펠 탑은 세계에서 가장 높은 건축물이었다고 하였습니다.
⑤ 네 번째 문단에서 에펠 탑의 꼭대기 층까지 가려면 엘리베이터를 타고 올라가야 한다고 하였습니다.

3 원래 에펠 탑은 박람회가 끝나고 20년이 지나면 없애기로 되어 있었지만, 안테나를 놓게 되면서 오늘날까지 남아 있을 수 있게 되었다고 하였습니다.

4 '입구'는 '들어가는 통로.'를 뜻하므로, 반대의 뜻을 지닌 말은 '밖으로 나갈 수 있는 통로.'를 뜻하는 '출구'입니다.

5 '시내'는 '도시의 안. 또는 시의 구역 안.'을 뜻하는 말입니다.

어휘력 더하기 '시내'는 '크지 않은 개울.'을 뜻하는 말로도 쓰입니다. 이때 쓰이는 '시내'는 '도시의 안. 또는 시의 구역 안.'을 뜻하는 '시내'와 소리는 같지만 뜻이 다른 말인 '동음이의어'입니다.

알쏭달쏭 맞춤법 * 맞춤법에 맞게 쓴 낱말에 ○표 하세요.

• 우리 아빠가 (최고 , 쵀고 , 췌고)야.
[맞춤법 더하기] 모음자 'ㅚ, ㅙ, ㅞ'는 소리가 거의 비슷해서 헷갈리기 쉬우므로 어떤 낱말에 어떤 모음자를 쓰는지 잘 기억하고 바르게 쓰도록 해요.

정답 최고

---

030 쪽

❶ 입구   ❷ 입학
❸ 입장료

031 쪽   이해 · 적용 · 심화

1 ④   2 ㉮   3 ㉰
4 입학   5 입구
6 입장료   7 ㉠

어휘 학습

이해

1 '입학'은 '학생이 되어 공부하기 위해 학교에 들어감.'을 뜻합니다.

2 '입구'는 '들어가는 통로.'를 뜻합니다.

3 '입장료'는 '경기장·극장·연주회장과 같은 장소에 들어가기 위하여 내는 돈.'을 뜻합니다.

적용

4 빈칸에 들어갈 말은 '학생이 되어 공부하기 위해 학교에 들어감.'을 뜻하는 '입학'입니다.

5 빈칸에 들어갈 말은 '들어가는 통로.'를 뜻하는 '입구'입니다.

6 빈칸에 들어갈 말은 '경기장·극장·연주회장과 같은 장소에 들어가기 위하여 내는 돈.'을 뜻하는 '입장료'입니다.

심화

7 '졸업'은 '학교에서 정해진 과정을 모두 마치는 것.'이라는 뜻입니다. 따라서 이와 뜻이 반대되는 말은 '학생이 되어 공부하기 위해 학교에 들어감.'이라는 뜻을 지닌 '입학'입니다.

어휘력 더하기 '도서관'은 '책과 자료를 모아 두고 여러 사람이 볼 수 있게 하여 놓은 방.'이라는 뜻입니다.

032~033 쪽

1 서당   2 ①, ③

3 ④ 4 ⑤ 5 ⑤

옛날 학생들이 공부하던 곳

글의 종류
설명하는 글

글의 특징
옛날에 아이들을 가르치던 서당에 대해 오늘날의 초등학교와 비교하여 설명하는 글입니다.

주제
초등학교와 서당의 다른 점

1 이 글은 옛날에 학생들이 공부를 하던 곳이었던 서당을 오늘날의 초등학교와 비교하여 설명하는 글입니다.

2 서당에서는 한문을 가르쳤다고 하였습니다. 또 공부한 내용을 완전히 익혀야 다음 책으로 넘어갈 수 있었기 때문에 학생에 따라 배우는 부분이 달랐다고 하였습니다.

❤ 오답 풀이
② 세 번째 문단에서 서당은 쌀이나 옷 등을 내야 다닐 수 있었다고 하였습니다.
④ 세 번째 문단에서 주로 양반의 자식들이나 돈이 많은 집의 아이들이 서당에 다녔다고 하였습니다.
⑤ 네 번째 문단에서 훈장님은 마을에서 아는 것이 많고, 여러 사람에게 존경받는 분이 맡았다고 하였습니다.

3 이 글은 서당에 대해 오늘날의 초등학교와 비교하여 설명하고 있으므로 ④번의 답을 알 수 있습니다.

4 '학생'과 반대의 뜻을 지닌 말은 '학생을 가르치는 사람.'인 '선생님'입니다.

5 앞 문장에서 서당은 지금 우리가 다니는 초등학교와 비슷한 점도 있지만 다른 점도 있다고 했습니다. 이것으로 보아 ⓒ에는 '초등학교'가 들어가는 것이 알맞습니다.

어휘력 더하기 서당은 옛날에 아이들이 글을 배우러 다녔던 곳으로 오늘날 학생들이 공부하기 위해 다니는 '학교'와 비슷한 교육 기관으로 볼 수 있습니다. 서당에서는 주로 유학에 바탕을 둔 한문 교육이 이루어졌습니다.

알쏭달쏭 맞춤법 * 맞춤법에 맞게 쓴 낱말에 ○표 하세요.

• 숲속에 (작은 , 적은) 집이 있어요.
[맞춤법 더하기] '길이, 넓이, 부피'는 '작다'로, '양, 개수, 정도'는 '적다'로 구별해서 써야 해요. '작다'는 '크다', '적다'는 '많다'와 반대되는 말임을 알면 구별해서 쓰기 쉬워요.
정답 작은

어휘 학습

034 쪽

❶ 학생   ❷ 학교
❸ 학년

035 쪽 이해 적용 심화

1 학생 2 학교 3 학년

4 ⓓ 5 ⓔ 6 ⓐ

7 ①

이해
1 '학교에 다니면서 공부하는 사람.'을 뜻하는 말은 '학생'입니다.

2 '학생을 가르치는 공공의 교육 기관, 또는 그 장소로 쓰이는 건물.'을 뜻하는 말은 '학교'입니다.

3 '수업하는 과목의 정도에 따라 일 년을 단위로 구분한 학교 교육의 단계.'를 뜻하는 말은 '학년'입니다.

적용
4 '학년'은 '수업하는 과목의 정도에 따라 일 년을 단위로 구분한 학교 교육의 단계.'를 뜻하므로 ⓓ의 빈칸에 들어가는 것이 알맞습니다.

5 '학생'은 '학교에 다니면서 공부하는 사람.'을 뜻하므로 ⓔ의 빈칸에 들어가는 것이 알맞습니다.

6 '학교'는 '학생을 가르치는 공공의 교육 기관, 또는 그 장소로 쓰이는 건물.'을 뜻하므로 ⓐ의 빈칸에 들어가는 것이 알맞습니다.

심화
7 새 학년이 시작될 때에 대한 글이므로 빈칸에 들어갈 말은 '학년'입니다.

1 박물관   **2** (2) ◯

3 ②   **4** ③   **5** ④

무료로 볼 수 있는 어린이박물관

글의 종류
생활문

글의 특징
국립중앙박물관의 어린이박물관을 소개하는 글입니다.

주제
국립중앙박물관의 어린이박물관 소개

1 이 글은 국립중앙박물관의 '어린이박물관'을 소개하고 있으므로 제목의 빈칸에는 '박물관'이 들어가는 것이 알맞습니다.

2 국립중앙박물관의 어린이박물관을 소개하는 글이므로 수현이가 바르게 말하였습니다.

3 국립중앙박물관의 어린이박물관은 예약하면 누구나 무료로 볼 수 있습니다.

❤ **오답 풀이**
① 우리나라 곳곳에 다양한 어린이박물관이 있다고 하였습니다.
③ 국립중앙박물관의 어린이박물관에는 어린 동생들이 부모님과 함께 안전하게 놀 수 있는 '데굴데굴 놀이터'가 있다고 하였습니다.
④ 국립중앙박물관의 어린이박물관에서는 전시된 물건을 눈으로 볼 수 있을 뿐만 아니라 직접 만져 보고 즐길 수 있게 되어 있다고 하였습니다.
⑤ 국립중앙박물관의 어린이박물관은 어린이뿐만 아니라 가족 모두 체험과 놀이를 즐길 수 있는 곳이라고 하였습니다.

4 국립중앙박물관의 어린이박물관에서는 옛날 사람들이 살았던 모습과 물건을 살펴볼 수 있다고 하였으므로 ㉠에는 '옛날'이 들어가는 것이 알맞습니다.

5 '무료'는 '요금이 없음.'이라는 뜻을 가지고 있으므로, 이와 뜻이 반대되는 말은 '요금을 내게 되어 있음.'이라는 뜻의 '유료'입니다.

어휘력 더하기 이 글에서 '무료'는 '요금이 없음.'이라는 뜻으로 쓰였지만 '흥미 있는 일이 없어 심심하고 지루함.'이라는 뜻으로 쓰일 때도 있습니다. 이 두 가지 뜻의 '무료'는 소리는 같지만 뜻이 다른 낱말인 동음이의어입니다. ⑩ 처음은 <u>무료</u>이고 두 번째부터는 유료이다. / <u>무료</u>를 달래 줄 흥미로운 일을 찾고 있다.

알쏭달쏭 맞춤법 *맞춤법에 맞게 쓴 낱말에 ◯표 하세요.

• 빼기를 잘못해서 답이 (다르다 , 틀리다).
[맞춤법 더하기] '다르다'는 '같지 않다.'이고, '틀리다'는 '맞지 않다.'라는 뜻이에요. '다르다'는 '같다', '틀리다'는 '맞다'와 반대되는 말임을 알면 구별해서 쓰기 쉬워요.

정답 틀리다

어휘 학습

❶ 무료   ❷ 무능
❸ 무조건

이해 적용 심화

1 ㉣   **2** ㉮   **3** ㉯

4 무능   **5** 무조건

6 무료   **7** ㉡

이해

1 '무능'은 '어떤 일을 해결하는 능력이 없음.'을 뜻합니다.

2 '무료'는 '요금이 없음.'을 뜻합니다.

3 '무조건'은 '아무 조건도 없음.'을 뜻합니다.

적용

4 빈칸에 들어갈 말은 '어떤 일을 해결하는 능력이 없음.'을 뜻하는 '무능'입니다.

5 빈칸에 들어갈 말은 '아무 조건도 없음.'을 뜻하는 '무조건'입니다.

6 빈칸에 들어갈 말은 '요금이 없음.'을 뜻하는 '무료'입니다.

심화

7 '무능'은 '어떤 일을 해결하는 능력이 없음.'이라는 뜻입니다. 따라서 이와 뜻이 반대되는 말은 '어떤 일을 남들보다 잘하는 능력이 있음.'이라는 뜻을 지닌 '유능'입니다.

어휘력 더하기 '해결'은 '사건이나 문제를 처리하는 것.'이라는 뜻입니다.

040~041 쪽

1 개미   2 ①

3 (1) ㉮ (2) ㉰ (3) ㉯

4 부분   5 ③

몸이 세 부분으로 나뉘는 개미

글의 종류
설명하는 글

글의 특징
개미의 특징에 대하여 설명하는 글입니다.

주제
개미의 특징

1 이 글은 개미에 대하여 설명하는 글입니다.

2 두 번째 문단에서 개미는 자신을 잡아먹는 동물이 쉽게 집으로 들어올 수 없게 땅속에 집을 짓는다고 하였습니다.

✔ 오답 풀이
② 세 번째 문단에서 개미는 여러 마리가 한곳에 모여 산다고 하였습니다.
③ 네 번째 문단에서 개미는 먹이를 찾았을 때 냄새 길을 만든다고 하였습니다.
④ 첫 번째 문단에서 개미는 몸이 머리, 가슴, 배의 세 부분으로 나뉘는 곤충 중 하나라고 하였습니다.
⑤ 네 번째 문단에서 개미는 몸집이 작으나 힘이 세서 자신보다 무거운 먹이도 들어 올릴 수 있다고 하였습니다.

3 (1) '수개미'는 결혼 비행이 끝나면 대부분 죽는다고 하였습니다.
  (2) '일개미'는 여왕개미와 알을 돌보고 먹을 것을 찾는 일을 한다고 하였습니다.
  (3) '여왕개미'는 결혼 비행이 끝나면 날개가 떨어지며 알을 낳는다고 하였습니다.

4 '전체를 이루는 작은 범위. 또는 전체를 몇 개로 나눈 것의 하나.'는 '부분'의 뜻입니다.

5 '좁다'는 '너비가 적다.'라는 뜻을 가지고 있으므로, 이와 뜻이 반대되는 말은 '너비가 크다.'라는 뜻의 '넓다'입니다.

> **어휘력 더하기**   ① '느리다'와 반대되는 뜻을 지닌 말은 ④ '빠르다'입니다.
> ② '작다'와 반대되는 뜻을 지닌 말은 '크다'입니다.
> ⑤ '가느다랗다'와 반대되는 뜻을 지닌 말은 '굵다랗다'입니다.

> **알쏭달쏭 맞춤법**   ＊맞춤법에 맞게 쓴 낱말에 ○표 하세요.
>
> • 손으로 어디를 (가르치는 , 가리키는) 거야?
> [맞춤법 더하기] '가르치다'는 '알려 주다.'이고, '가리키다'는 '집어서 보이거나 알리다.'라는 뜻이에요. 서로 글자 모양이 비슷해서 헷갈리지만 뜻에 맞게 구별해서 써야 해요.
> **정답** 가리키는

042 쪽

❶ 부분   ❷ 부품
❸ 전부

043 쪽   이해 · 적용 · 심화

1 부분 2 부품 3 전부
4 ㉯ 5 ㉰ 6 ㉮
7 ㉡

어휘 학습

이해
1 '전체를 이루는 작은 범위.'를 뜻하는 말은 '부분'입니다.
2 '기계 따위의 어떤 부분에 쓰는 물품.'을 뜻하는 말은 '부품'입니다.
3 '어떤 대상을 이루는 낱낱을 모두 합친 것.'을 뜻하는 말은 '전부'입니다.

적용
4 '부품'은 '기계 따위의 어떤 부분에 쓰는 물품.'을 뜻하므로 ㉯의 빈칸에 들어가는 것이 알맞습니다.
5 '부분'은 '전체를 이루는 작은 범위. 또는 전체를 몇 개로 나눈 것의 하나.'를 뜻하므로 ㉰의 빈칸에 들어가는 것이 알맞습니다.
6 '전부'는 '어떤 대상을 이루는 낱낱을 모두 합친 것.'을 뜻하므로 ㉮의 빈칸에 들어가는 것이 알맞습니다.

심화
7 '부분'과 뜻이 반대되는 말은 '어떤 대상을 이루는 낱낱을 모두 합친 것.'을 뜻하는 '전부'입니다.

부족한 물을 아껴 써요

글의 종류
설명하는 글

글의 특징
물이 부족한 까닭과 물을 아껴 쓰는 방법을 설명하는 글입니다.

주제
물이 부족한 까닭과 물을 아껴 쓰는 방법

1 이 글은 물이 부족한 까닭과 물을 아껴 쓰는 방법에 대한 글이므로 제목의 빈칸에는 '물'이 들어가는 것이 알맞습니다.

2 세 번째 문단에서 더러워진 물을 다시 깨끗하게 만들려면 더러워진 물보다 훨씬 많은 물이 필요하다고 하였습니다.

　❤ 오답 풀이
① 두 번째 문단에서 공장에서 물건을 만들 때 많은 물이 필요하다고 하였습니다.
② 첫 번째 문단에서 아프리카뿐만이 아니라 물이 부족한 나라가 많다고 하였습니다.
④ 두 번째 문단에서 사람 수가 점점 늘어나면서 물도 더 많이 필요하다고 하였습니다.
⑤ 첫 번째 문단에서 비가 적게 내리는 아프리카에서는 깨끗한 물이 항상 부족하다고 하였습니다.

3 이 글은 물 부족 현상이 일어나고 있으므로 물을 아껴 써야 한다고 이야기하고 있습니다. 물장난을 하는 것은 물을 아껴 쓰는 것과는 거리가 멉니다.

4 '깨끗하다'의 뜻은 '때나 먼지가 없다.'이므로 이와 뜻이 반대되는 말은 '때나 찌꺼기 따위가 있어 지저분하다.'라는 뜻의 '더럽다'입니다.

　어휘력 더하기 ① '맑다'는 '잡스럽고 탁한 것이 섞이지 아니하다.'라는 뜻으로 '깨끗하다'와 뜻이 비슷한 말입니다. ② '힘차다'는 '힘이 있고 씩씩하다.'라는 뜻입니다. ③ '예쁘다'는 '생긴 모양이 아름다워 눈으로 보기에 좋다.'라는 뜻입니다. ④ '거칠다'는 '나무나 살결 따위가 결이 곱지 않고 험하다.'라는 뜻입니다.

5 '부족'의 뜻은 '필요한 양이나 기준에 미치지 못해 충분하지 아니함.'입니다.

　어휘력 더하기 한자어 '不' 뒤에 'ㄷ, ㅈ'이 오면 '부'로 읽습니다. ⑩ 불안(不安), 부족(不足)

알쏭달쏭 맞춤법　＊맞춤법에 맞게 쓴 낱말에 ○표 하세요.

・ (우리 , 저희)나라를 소개해요.
　[맞춤법 더하기] '우리'와 '저희'는 모두 '자신을 포함한 여러 사람을 가리키는 말.'로, '저희'는 '우리'를 낮추는 말이에요. 그래서 '저희나라'가 아니라 '우리나라'라고 써야 해요.
　　　　　　　　　　　　　　　　　　　　　　　　　　　　　　　정답 우리

어휘 학습

이해
1 '부족'은 '필요한 양이나 기준에 미치지 못해 충분하지 아니함.'을 뜻합니다.

2 '불안'은 '마음이 편하지 아니하고 조마조마함.'을 뜻합니다.

3 '불쾌'는 '못마땅하여 기분이 좋지 아니함.'을 뜻합니다.

적용
4 '모자란다'와 비슷한 뜻을 지닌 말은 '필요한 양이나 기준에 미치지 못해 충분하지 아니함.'이라는 뜻의 '부족'입니다.

5 '기분이 좋지 않다'와 비슷한 뜻을 지닌 말은 '못마땅하여 기분이 좋지 아니함.'이라는 뜻의 '불쾌'입니다.

6 '불편하고 조마조마하다'와 비슷한 뜻을 지닌 말은 '마음이 편하지 아니하고 조마조마함.'이라는 뜻의 '불안'입니다.

심화
7 '부족'의 뜻은 '필요한 양이나 기준에 미치지 못해 충분하지 아니함.'이므로 이와 뜻이 반대되는 말은 '매우 넉넉하여 부족함이 없음.'이라는 뜻을 지닌 '풍족'입니다.

048~049 쪽

1 헬렌 켈러, 설리번

2 ⑤   3 (2) ○

4 ④   5 (2) ○

선생님의 관심으로 어려움을 이겨 낸 헬렌 켈러

글의 종류
전기문

글의 특징
헬렌 켈러가 설리번 선생님의 도움으로 신체적 고난을 극복하고 훌륭한 사람이 될 수 있었던 과정을 기록한 전기문입니다.

주제
포기하지 않고 어려움을 이겨 낸 헬렌 켈러와 설리번 선생님

1 이 글은 헬렌 켈러가 설리번 선생님의 도움으로 훌륭한 사람이 될 수 있었던 과정을 쓴 전기문입니다. 따라서 이 글의 중심인물은 '헬렌 켈러'와 '설리번 선생님'입니다.

2 세 번째 문단에서 헬렌은 자신과 같은 어려움이 있는 장애인들을 돕기 위한 일을 했다고 하였습니다.

◎ 오답 풀이
① 두 번째 문단에서 헬렌은 여섯 살 때 설리번 선생님을 만났다고 하였습니다.
② 첫 번째 문단에서 헬렌은 두 살 때 병을 앓고 난 후로 볼 수도 들을 수도 없었다고 하였습니다.
③ 두 번째 문단에서 설리번 선생님은 헬렌의 손바닥에 물건의 이름을 써서 가르쳤다고 하였습니다.
④ 설리번 선생님은 헬렌이 이해하지 못해도 포기하지 않고 헬렌을 가르쳤다고 하였습니다.

3 지금 상황이 힘들더라도 포기하지 않고 노력하는 은지가 헬렌 켈러와 생각이 같은 친구입니다.

4 '심술'은 '온당하지 아니하게 고집을 부리는 마음.'이라는 뜻이므로, 이와 뜻이 비슷한 말은 '마땅치 않게 여기는 나쁜 마음.'을 뜻하는 '심통'입니다.

어휘력 더하기 ① '고통'은 '몸이나 마음의 괴로움과 아픔.'을 뜻하는 말입니다. ② '불안'은 '마음이 편하지 아니하고 조마조마함.'을 뜻하는 말입니다. ③ '실망'은 '희망이나 명망을 잃음. 또는 바라던 일이 뜻대로 되지 아니하여 마음이 몹시 상함.'을 뜻하는 말입니다. ⑤ '행복'은 '만족하여 즐겁고 흐뭇함을 느끼는 상태.'를 뜻하는 말입니다.

5 '어떤 것에 마음이 끌려 주의를 기울임. 또는 그런 마음이나 주의.'라는 뜻을 지닌 '관심'은 (2)에 들어가는 것이 어울립니다.

알쏭달쏭 맞춤법 *맞춤법에 맞게 쓴 낱말에 ○표 하세요.

• 색이 (바란 , 바랜) 우산만 남아 있어요.
[맞춤법 더하기] 이루어지기를 기다리는 마음을 표현할 때에는 '바라다', 색이 변하는 것을 표현할 때는 '바래다'를 써요. '바라'를 '바래'라고 잘못 쓰지 않도록 주의해요.
정답 바랜

어휘 학습

050 쪽

❶ 관심   ❷ 심술
❸ 안심

051 쪽 이해 적용 심화

1 ㉢   2 ㉠   3 ㉡

4 ㉢   5 ㉣   6 ㉮

7 ③

이해

1 '관심'은 '어떤 것에 마음이 끌려 주의를 기울임. 또는 그런 마음이나 주의.'를 뜻합니다.

2 '심술'은 '온당하지 아니하게 고집을 부리는 마음.'을 뜻합니다.

3 '안심'은 '모든 걱정을 떨쳐 버리고 마음을 편히 가짐.'을 뜻합니다.

적용

4 '안심'은 '모든 걱정을 떨쳐 버리고 마음을 편히 가짐.'을 뜻하므로 ㉰의 빈칸에 들어가는 것이 알맞습니다.

5 '심술'은 '온당하지 아니하게 고집을 부리는 마음.'을 뜻하므로 ㉯의 빈칸에 들어가는 것이 알맞습니다.

6 '관심'은 '어떤 것에 마음이 끌려 주의를 기울임. 또는 그런 마음이나 주의.'를 뜻하므로 ㉮의 빈칸에 들어가는 것이 알맞습니다.

심화

7 횡단보도를 건널 때도 사고가 일어날 수 있기 때문에 무조건 안심하지 말고 안전하게 건너야 합니다. 따라서 빈칸에 들어갈 말은 '안심'입니다.

052~053 쪽

1 화재 2 ③ 3 (2) ○
4 ② 5 ②

화재를 막고 대응하는 방법

글의 종류
설명하는 글

글의 특징
화재를 미리 막는 방법과 화재가 일어났을 때 대응하는 방법을 설명하는 글입니다.

주제
화재를 미리 막는 방법과 화재가 일어났을 때 대응하는 방법

1 이 글은 화재를 미리 막는 방법과 화재가 일어났을 때 대응하는 방법을 설명하는 글입니다. 따라서 이 글에서 가장 중심이 되는 말은 '화재'입니다.

2 제일 먼저 "불이야!" 하고 큰 소리로 외치거나 요란한 소리를 내서 다른 사람에게 화재가 일어난 것을 알려야 한다고 했습니다.

☑ **오답 풀이**
① 연기가 위로 올라가기 때문에 팔과 무릎으로 기어서 밖으로 피해야 한다고 했습니다.
② 밖으로 피할 때 반드시 계단으로 나가야 한다고 했습니다.
④ 연기를 마시지 않게 젖은 수건이나 휴지로 코와 입을 막아야 한다고 했습니다.
⑤ 밖으로 나와서 119에 전화를 걸어 화재 신고를 해야 한다고 했습니다.

3 화재를 미리 막기 위해서는 전기를 사용하는 물건에 물이 묻지 않도록 해야 하고, 밖에 나갈 때는 반드시 전기를 사용하는 물건의 전원을 꺼야 합니다.

4 '미리'는 '어떤 일이 생기기 전에.'라는 뜻을 지닌 말입니다.

어휘력 더하기 '미리'와 비슷한 낱말은 '시간적으로나 순서상으로 앞서서.'라는 뜻의 '먼저'가 있습니다.

5 '화재'는 '불이 나는 재앙. 또는 불로 인한 재난.'을 뜻하는 말입니다. 이와 뜻이 비슷한 말은 '불'입니다.

어휘력 더하기 '불'은 '화재를 이르는 말.'이라는 뜻 말고도 '물질이 산소와 화합하여 높은 온도로 빛과 열을 내면서 타는 것.', '빛을 내어 어둠을 밝히는 물체.', '불이 타는 듯이 열렬하고 거세게 타오르는 정열이나 감정을 비유적으로 이르는 말.' 등의 뜻을 지니고 있습니다.

알쏭달쏭 맞춤법 *맞춤법에 맞게 쓴 낱말에 ○표 하세요.

• 허리를 (반드시 , 반듯이) 폈어요.
[맞춤법 더하기] '반드시'는 '기필코', '꼭'과 바꾸어 쓸 수 있는 말이고, '반듯이'는 '반듯하게'와 바꾸어 쓸 수 있는 말이에요. 두 낱말은 소리가 같아서 헷갈리기 쉬우니 잘 구별해서 써야 해요.
정답 반듯이

---

054 쪽

❶ 화재 ❷ 화상
❸ 소화기

055 쪽 이해 적용 심화

1 화재 2 화상
3 소화기 4 ㉰
5 ㉯ 6 ㉮ 7 ⑤

어휘 학습

이해
1 '불이 나는 재앙. 또는 불로 인한 재난.'을 뜻하는 말은 '화재'입니다.

2 '불이나 뜨거운 열이나 약품에 데어서 생긴 상처.'를 뜻하는 말은 '화상'입니다.

3 '불이 났을 때, 화학 물질을 퍼뜨려 불을 끄는 데에 쓰는 기구.'를 뜻하는 말은 '소화기'입니다.

적용
4 '화재'는 '불이 나는 재앙. 또는 불로 인한 재난.'을 뜻하므로 ㉰의 빈칸에 들어가는 것이 알맞습니다.

5 '화상'은 '불이나 뜨거운 열이나 약품에 데어서 생긴 상처.'를 뜻하므로 ㉯의 빈칸에 들어가는 것이 알맞습니다.

6 '소화기'는 '불이 났을 때, 화학 물질을 퍼뜨려 불을 끄는 데에 쓰는 기구.'를 뜻하므로 ㉮의 빈칸에 들어가는 것이 알맞습니다.

심화
7 소화기의 사용 방법을 설명하는 글이므로 빈칸에 들어갈 말은 '소화기'입니다.

1 이 글은 냉동 실험에 이용하는 완보동물에 대해 대화하고 있는 글입니다. 따라서 빈칸에 들어갈 말은 '냉동'입니다.

2 '완보동물'은 아주 느리게 걷는 동물이라는 뜻이라고 하였습니다.

3 완보동물은 냉동실에 넣어서 얼렸다가 꺼내도 살 수 있기 때문에 과학자들은 완보동물이 냉동해도 다시 살아나는 까닭을 찾아내고, 사람도 냉동했다가 살아나게 하는 것이 가능한지를 연구하고 있다고 하였습니다.

❷ 오답 풀이
① 완보동물의 크기는 냉동 실험과 관계가 없습니다.
② 완보동물이 이름은 냉동 실험과 관계가 없습니다.
③ 완보동물의 생김새는 냉동 실험과 관계가 없습니다.
⑤ 완보동물이 뜨거운 곳에서도 살 수 있는 것과 냉동 실험은 관계가 없습니다.

4 '냉동'은 '생선이나 고기 등을 상하지 않게 저장하기 위해 얼리는 것.'이라는 뜻의 말이므로 이와 뜻이 비슷한 말은 '얼게 하다.'라는 뜻의 '얼리다'입니다.

〔어휘력 더하기〕 '녹이다'는 '얼음이나 얼음같이 매우 차가운 것을 열로 액체가 되게 하다.'라는 뜻으로, '얼리다'와 뜻이 반대되는 말입니다. '줄이다'는 '물체의 길이나 넓이, 부피 따위를 본디보다 작게 하다.'라는 뜻입니다.

5 '생김새'는 '생긴 모양새.'라는 뜻으로, ④에는 어울리지 않습니다. ④에는 '식품 따위를 얼려서 보관하는 곳.'이라는 뜻의 '냉동실'과 같은 말이 어울립니다.

〔어휘력 더하기〕 '생김새'와 비슷한 낱말은 '사람의 생긴 모양.', '자연이나 사물 따위의 겉으로 나타난 모양.'의 뜻을 가진 '모습'입니다.

〔알쏭달쏭 맞춤법〕 *맞춤법에 맞게 쓴 낱말에 ○표 하세요.

• 밭에서 (거름 , 걸음) 냄새가 나요.
[맞춤법 더하기] 식물이 잘 자라도록 땅에 뿌리는 물질인 '거름'과 발의 움직임인 '걸음'은 소리가 같아서 헷갈리기 쉬워요. '걸음'이 '발걸음'과 같은 말임을 기억하면 좋아요.
정답 거름

어휘 학습

〔이해〕

1 '냉동'은 '생선이나 고기 등을 상하지 않게 저장하기 위해 얼리는 것.'을 뜻합니다.

2 '냉수'는 '차가운 물.'을 뜻합니다.

3 '냉장고'는 '식품 등을 낮은 온도로 저장하기 위한 상자 모양의 전기 장치.'를 뜻합니다.

〔적용〕

4 빈칸에 들어갈 말은 '생선이나 고기 등을 상하지 않게 저장하기 위해 얼리는 것.'을 뜻하는 '냉동'입니다.

5 빈칸에 들어갈 말은 '차가운 물.'을 뜻하는 '냉수'입니다.

6 빈칸에 들어갈 말은 '식품 등을 낮은 온도로 저장하기 위한 상자 모양의 전기 장치.'를 뜻하는 '냉장고'입니다.

〔심화〕

7 '냉수'의 뜻은 '차가운 물.'이므로 이와 뜻이 반대되는 말은 '따뜻한 물.'을 뜻하는 '온수'입니다.

060~061 쪽

1 가축   **2** (1) ◯ (2) ◯

3 ③   **4** ①   **5** ⑤

우리에게 도움을 주는 가축

글의 종류
설명하는 글

글의 특징
가축의 특징과 가축이 주는 도움에 대하여 설명하는 글입니다.

주제
가축의 특징과 가축이 주는 도움

1 이 글은 가축의 특징과 가축이 주는 도움에 대한 글이므로 가장 중심이 되는 말은 '가축'입니다.

2 가축으로 키우기 좋은 동물은 온순한 동물이나 새끼를 잘 낳는 동물, 적은 시간 동안 빨리 자라는 동물이라고 하였습니다.

3 가축을 키우면서부터 사냥을 하지 않아도 쉽게 고기를 얻을 수 있게 되었다고 하였습니다.

> ✔ **오답 풀이**
> ① 말이나 당나귀를 키우면서 무거운 짐도 가축이 대신 옮길 수 있게 되었으므로, 사람이 직접 옮기지 않게 되었습니다.
> ② 지금도 눈 덮인 지역에서는 순록과 같은 가축이 사람의 이동을 돕고 있으므로, 순록과 같은 가축을 키우고 있습니다.
> ④ 소나 양에게서 우유를 얻게 되고, 치즈도 만들 수 있게 되었다고 하였습니다.
> ⑤ 말이나 당나귀를 키우면서 먼 길을 빨리 갈 수 있게 되었다고 하였으므로, 걸어다니지 않고 말이나 당나귀를 타고 다녔음을 알 수 있습니다.

4 '가축'은 '(소·돼지·개처럼) 사람이 집에서 기르는 짐승.'이라는 뜻의 낱말로 '개'는 '가축'에 포함됩니다. 이처럼 한 낱말이 다른 낱말을 포함하는 관계는 ①입니다.

> **어휘력 더하기** ②와 ④는 서로 반대되는 뜻을 지닌 낱말끼리 짝 지어진 것입니다. ③은 서로 비슷한 뜻을 지닌 낱말끼리 짝 지어진 것입니다. ⑤는 청소 도구에 포함되는 낱말들입니다.

5 앞 문장의 내용으로 보아 ⓒ에는 '사냥'이 들어가는 것이 알맞습니다.

> **어휘력 더하기** ① '시장'은 '여러 가지 상품을 사고파는 일정한 장소.'를 뜻하는 말입니다. ② '장난'은 '주로 어린이들이 재미로 하는 짓. 또는 심심풀이 삼아 하는 짓.'을 뜻하는 말입니다. ③ '이동'은 '움직여 옮김.'이라는 뜻을 지닌 말입니다. ④ '싸움'은 '싸우는 일.'을 뜻하는 말입니다.

> ┌─ **알쏭달쏭 맞춤법** ─ *맞춤법에 맞게 쓴 낱말에 ◯표 하세요.
> │
> │ • (며칠 , 몇일) 동안 아팠어요.
> │ **[맞춤법 더하기]** '며칠'을 '몇일'로 잘못 쓰는 경우가 많아요. '몇일'은 잘못된 표현이므로 낱말의 뜻과 모양을 익혀 바르게 쓰도록 해요.
> │ **정답** 며칠

어휘 학습

062 쪽

❶ 가축   ❷ 가족
❸ 가훈

> **이해**

1 '가족'은 '한곳에 모여 사는 부모와 그 자식들.'을 뜻합니다.

2 '가축'은 '(소·돼지·개처럼) 사람이 집에서 기르는 짐승.'을 뜻합니다.

3 '가훈'은 '한집안에서 자손들을 가르치는 일정한 교육.'을 뜻합니다.

063 쪽 이해   적용   심화

1 ㉮   **2** ㉰   **3** ㉯

4 가축 **5** 가족 **6** 가훈

7 ㉠

> **적용**

4 빈칸에 들어갈 말은 '(소·돼지·개처럼) 사람이 집에서 기르는 짐승.'을 뜻하는 '가축'입니다.

5 빈칸에 들어갈 말은 '한곳에 모여 사는 부모와 그 자식들.'을 뜻하는 '가족'입니다.

6 빈칸에 들어갈 말은 '한집안에서 자손들을 가르치는 일정한 교육.'을 뜻하는 '가훈'입니다.

> **심화**

7 '식구'는 '한집에서 함께 살면서 끼니를 같이하는 사람.'을 뜻하므로 이와 뜻이 비슷한 말은 '한곳에 모여 사는 부모와 그 자식들.'이라는 뜻의 '가족'입니다.

064~065 쪽

1 꿀벌 **2** ②

3 (2) ○ **4** ⑤

5 원인

꿀벌이 사라지면 나타나는 결과

글의 종류
설명하는 글

글의 특징
꿀벌이 사라지는 까닭과 꿀벌을 지키는 방법에 대하여 설명하는 글입니다.

주제
꿀벌이 사라지는 까닭과 꿀벌을 지키는 방법

1 이 글은 꿀벌이 사라지는 까닭과 꿀벌을 지키는 방법에 대하여 설명하는 글입니다. 따라서 제목의 빈칸에는 '꿀벌'이 들어가는 것이 알맞습니다.

2 이 글은 꿀벌이 사라지는 까닭과 꿀벌을 지키는 방법에 대하여 설명하는 글입니다.

✔ 오답 풀이
① 꿀벌이 집을 찾지 못하는 까닭을 설명하고 있습니다.
③ 꿀벌을 지키기 위한 방법을 설명하였으나 쓰레기 분류 방법은 설명하지 않았습니다.
④ 꿀벌이 한꺼번에 병에 걸렸을 때 사용하는 약에 대한 설명은 없습니다.
⑤ 꿀벌이 하는 일로 나무의 열매를 맺게 돕는다고만 설명하고, 돕는 과정은 설명하지 않았습니다.

3 꿀벌을 지키기 위해 우리 스스로 할 수 있는 일은 쓰레기를 함부로 버리지 않고, 물건은 아껴 쓰고, 일회용품 사용을 줄이는 것이라고 하였습니다.

4 '사라지다'는 '사람이나 사물 또는 어떤 사실이나 현상 따위가 어떤 곳에 자리나 공간을 차지하고 존재하지 않게 되다.'라는 뜻의 '없어지다'와 바꾸어 쓸 수 있습니다.

어휘력 더하기 ③ '나타나다'는 '보이지 아니하던 어떤 대상의 모습이 드러나다.'라는 뜻으로 '사라지다'와 반대되는 뜻을 가진 말입니다.

5 '결과'의 뜻은 '어떤 원인으로 결말이 생김. 또는 그런 결말의 상태.'이므로 이와 뜻이 반대되는 말은 '어떤 결과나 현상을 생기게 하는 요소.'라는 뜻의 '원인'입니다.

어휘력 더하기 '원칙'은 '여러 가지 경우에 적용되는 기본적인 규칙이나 법칙.'을 뜻하는 말입니다. '결석'은 '나가야 할 자리에 나가지 않음.'을 뜻하는 말입니다.

알쏭달쏭 맞춤법 **＊맞춤법에 맞게 쓴 낱말에 ○표 하세요.**

• 추운 날씨에 (알맞은 , 알맞는) 옷을 입어요.
[맞춤법 더하기] '알맞은'을 '알맞는'으로 잘못 쓰는 경우가 많아요. '알맞는'은 잘못된 표현이므로 낱말의 뜻과 모양을 익혀 바르게 쓰도록 해요.
정답 알맞은

어휘 학습

066 쪽

❶ 결과 ❷ 결국
❸ 결혼

067 쪽 이해 적용 심화

1 ⓒ **2** ㉠ **3** ㉡
4 ㉐ **5** ㉑ **6** ㉓
7 ③

이해

1 '결과'는 '어떤 원인으로 결말이 생김. 또는 그런 결말의 상태.'를 뜻합니다.

2 '결국'은 '일이 마무리되는 마지막.'을 뜻합니다.

3 '결혼'은 '남자와 여자가 정식으로 부부가 되는 것.'을 뜻합니다.

적용

4 '결과'는 '어떤 원인으로 결말이 생김. 또는 그런 결말의 상태.'를 뜻하므로 ㉐의 빈칸에 들어가는 것이 알맞습니다.

5 '결국'은 '일이 마무리되는 마지막.'을 뜻하므로 ㉑의 빈칸에 들어가는 것이 알맞습니다.

6 '결혼'은 '남자와 여자가 정식으로 부부가 되는 것.'을 뜻하므로 ㉓의 빈칸에 들어가는 것이 알맞습니다.

심화

7 결혼식 날 입는 하얀 웨딩드레스를 입은 이모의 모습이 기대된다고 하였으므로 빈칸에 들어갈 말은 '남자와 여자가 정식으로 부부가 되는 것.'을 뜻하는 '결혼'입니다.

068~069 쪽

1 체험 **2** ④

3 ② **4** (2) ○

5 ③

한국 민속촌 체험학습을 간 날

글의 종류
생활문

글의 특징
우리 조상들의 삶의 모습을 볼 수 있는 한국 민속촌에 체험학습을 다녀와서 쓴 견학 기록문입니다.

주제
한국 민속촌에서 보고, 체험하고, 느낀 것

---

1 이 글은 한국 민속촌에 체험학습을 다녀온 후 쓴 견학 기록문이므로, '한국 민속촌 체험학습'에 대한 글이라고 할 수 있습니다.

2 이 글은 한국 민속촌에 체험학습을 다녀와서 쓴 견학 기록문으로 한국 민속촌에서 보고 듣고 느낀점이 나타나 있습니다. 체험한 것은 투호 던지기와 널뛰기 등입니다.

3 줄타기를 보았다는 내용은 있지만 직접 해 볼 수 있다는 내용은 없습니다.

  ✔ **오답 풀이**
  ① 투호 던지기, 널뛰기 등 민속놀이를 체험했다고 하였습니다.
  ③ 텔레비전에서만 보던 옛날 결혼식을 실제로 보니 신기했다고 하였습니다.
  ④ 옛날 우리나라 사람들이 살던 기와집과 초가집을 구경했다고 하였습니다.
  ⑤ 한국 민속촌은 옛날 우리나라 사람들이 어떻게 살았는지 볼 수 있는 곳이라고 하였습니다.

4 '체험'은 '직접 겪은 일.'이라는 뜻이므로, (2)에 들어가는 것이 알맞습니다.

  어휘력 더하기 (1)의 문장에서 '20년 후 나의 모습'은 아직 겪은 일이 아니므로, '실제로는 없거나 보이지 않는 것의 모양을 생각 속에 꾸미는 것.'이라는 뜻을 지닌 '상상'이 들어가는 것이 알맞습니다.

5 '구경'은 '흥미나 관심을 가지고 봄.'이라는 뜻의 말입니다.

알쏭달쏭 맞춤법 *맞춤법에 맞게 쓴 낱말에 ○표 하세요.

• 운동을 열심히 할 (**거야** , 꺼야).
  [맞춤법 더하기] '거야', '줄게', '할걸' 등을 '꺼야', '줄께', '할껄' 등으로 잘못 쓰지 않도록 주의해요.

  정답 거야

---

070 쪽

❶ 체험 ❷ 체구
❸ 체조

---

071 쪽 이해 적용 심화

1 ㉮ **2** ㉰ **3** ㉯

4 체험 **5** 체조 **6** 체구

7 ④

어휘학습

이해

1 '체구'는 '몸의 크기.'를 뜻합니다.

2 '체조'는 '몸의 단련과 건강을 위하여 일정한 방식으로 몸을 움직이는 운동.'을 뜻합니다.

3 '체험'은 '직접 겪은 일.'을 뜻합니다.

적용

4 빈칸에 들어갈 말은 '직접 겪은 일.'을 뜻하는 '체험'입니다.

5 빈칸에 들어갈 말은 '몸의 단련과 건강을 위하여 일정한 방식으로 몸을 움직이는 운동.'을 뜻하는 '체조'입니다.

6 빈칸에 들어갈 말은 '몸의 크기.'를 뜻하는 '체구'입니다.

심화

7 체조의 특징과 효과를 설명하는 글이므로 빈칸에 들어갈 말은 '몸의 단련과 건강을 위하여 일정한 방식으로 몸을 움직이는 운동.'을 뜻하는 '체조'입니다. ①, ②, ③, ⑤는 운동 도구인 공이 항상 필요한 운동이므로 알맞지 않습니다.

072~073 쪽

1 한옥   2 ④

3 ①   4 ①   5 온돌

알맞은 온도에서 지낼 수 있는 한옥

글의 종류
설명하는 글

글의 특징
한옥의 좋은 점을 설명하는 글입니다.

주제
한옥의 좋은 점

---

1 이 글은 옛날 우리나라 사람들이 살던 집인 '한옥'을 설명하는 글입니다.

2 한옥은 옛날 우리나라 사람들이 살던 집입니다.

☑ **오답 풀이**
① 세 번째 문단에서 한옥의 벽은 바르는 흙에 짚과 같은 풀을 섞어서 단단하다고 하였습니다.
② 두 번째 문단에서 마루는 땅바닥과 띄어서 만든다고 하였습니다.
③ 첫 번째 문단에서 한옥은 여름에는 시원하고 겨울에는 따뜻하다고 하였습니다.
⑤ 네 번째 문단에서 한옥의 지붕은 벽보다 조금 더 바깥으로 나와 있다고 하였습니다.

3 네 번째 문단에서 한옥의 지붕은 벽보다 조금 더 바깥으로 나와 있기 때문에 여름에는 햇빛을 막아 주고, 겨울에는 위에서 부는 찬 바람이 집 안으로 들어오는 것을 막아 준다고 하였습니다.

4 '온도'의 뜻은 '덥거나 찬 정도.'입니다.

어휘력 더하기 '온도'와 함께 자주 쓰이는 말에는 '축축한 정도. 공기 중에 수증기가 포함되어 있는 정도.'라는 뜻을 가진 '습도'가 있습니다.

5 우리나라의 방바닥을 따뜻하게 해 주는 장치는 '온돌'입니다.

☑ **오답 풀이**
'마루'는 '온돌을 들이지 않고 안방과 건넌방 사이에 나무판을 깔아 놓은 곳.'입니다.

알쏭달쏭 맞춤법 *맞춤법에 맞게 쓴 낱말에 ○표 하세요.

• (세째 , 셋째) 날 바다에 갔어요.

[맞춤법 더하기] 예전에는 '둘째, 셋째, 넷째'와 '두째, 세째, 네째'를 구별하여 썼어요. 하지만 요즘에는 구별하지 않고 수나 양, 차례를 나타낼 때 모두 '둘째, 셋째, 넷째'를 써요.

정답 셋째

어휘 학습

074 쪽

❶ 온도   ❷ 온기
❸ 온돌

075 쪽 이해 적용 심화

1 온기 2 온도 3 온돌

4 ㉯   5 ㉮   6 ㉰

7 ㉢

이해

1 '따뜻한 기운.'을 뜻하는 말은 '온기'입니다.

2 '덥거나 찬 정도. 또는 그 정도를 나타내는 숫자.'를 뜻하는 말은 '온도'입니다.

3 '불을 때거나 더운물·전기 등으로 바닥을 덥게 한 방, 또는 그런 장치.'를 뜻하는 말은 '온돌'입니다.

적용

4 '온기'는 '따뜻한 기운.'을 뜻하므로 ㉯의 빈칸에 들어가는 것이 알맞습니다.

5 '온도'는 '덥거나 찬 정도. 또는 그 정도를 나타내는 숫자.'를 뜻하므로 ㉮의 빈칸에 들어가는 것이 알맞습니다.

6 '온돌'은 '불을 때거나 더운물·전기 등으로 바닥을 덥게 한 방, 또는 그런 장치.'를 뜻하므로 ㉰의 빈칸에 들어가는 것이 알맞습니다.

심화

7 '냉기'는 '찬 기운.'을 뜻하므로 이와 뜻이 반대되는 말은 '따뜻한 기운.'을 뜻하는 '온기'입니다.

육식 공룡과 초식 공룡

글의 종류
설명하는 글

글의 특징
육식 공룡과 초식 공룡을 비교하여 설명하는 글입니다.

주제
육식 공룡과 초식 공룡의 특징

1 이 글은 육식 공룡과 초식 공룡의 특징을 설명하는 글입니다.

2 두 번째 문단에서 육식 공룡의 특징을 알 수 있고, 세 번째 문단에서 초식 공룡의 특징을 알 수 있습니다. 육식 공룡은 다른 동물을 사냥해 먹이로 잡아먹었던 공룡으로, 날카로운 발톱과 뾰족한 이빨을 가지고 있었습니다. 초식 공룡은 들판의 풀과 열매를 먹이로 먹었던 공룡으로, 눈은 뒷부분까지 볼 수 있어서 육식 공룡이 어디에 있는지 살펴볼 수 있었다고 하였습니다.

3 공룡이 사라진 까닭에 대한 내용은 없으므로 ②가 답을 알 수 없는 질문입니다.

✔ 오답 풀이
① 초식 공룡은 들판의 풀과 열매를 먹이로 먹었던 공룡입니다.
③ 몸집이 작은 육식 공룡은 여럿이 함께 다니며 사냥했다고 하였습니다.
④ 목이 긴 초식 공룡은 주로 나무 위에 달린 열매를 따 먹었다고 하였습니다.
⑤ 공룡은 다리가 'l'자 모양이기 때문에 두 다리나 네 다리를 이용해 똑바로 서서 걸었다고 하였습니다.

4 '음식으로 고기를 먹음.'은 '육식'의 뜻입니다.

5 초식 공룡이 육식 공룡에게 잡아먹히지 않기 위해 살핀 것으로 '어떤 시각에서 어떤 시각까지의 사이.'를 뜻하는 말인 '시간'은 알맞지 않습니다.

어휘력 더하기 '주위', '주변', '근처', '사방'은 모두 서로 뜻이 비슷한 말입니다. ① '주위'는 '어떤 사물이나 사람을 둘러싸고 있는 것. 또는 그 환경.'을 뜻하는 말입니다. ③ '주변'은 '어떤 대상의 둘레.'를 뜻하는 말입니다. ④ '근처'는 '가까운 곳.'을 뜻하는 말입니다. ⑤ '사방'은 '동서남북의 주위 일대.'를 뜻하는 말입니다.

알쏭달쏭 맞춤법 * 맞춤법에 맞게 쓴 낱말에 ○표 하세요.

• 손을 (깨끗이 , 깨끗히) 씻어요.

[맞춤법 더하기] 꾸며 주는 말을 만드는 말인 '-이'가 붙는 말에는 '깨끗이, 곰곰이, 번번이' 등이 있어요. '-히'와 헷갈리기 쉬우니 잘 구별해서 쓰도록 해요.

정답 깨끗이

어휘 학습

이해

1 '초원'은 '풀이 나 있는 들판.'을 뜻합니다.

2 '초식'은 '(짐승이) 풀만 먹는 것.'을 뜻합니다.

3 '초록색'은 '짙은 풀의 빛깔과 같은 색. 초록.'을 뜻합니다.

적용

4 '초식'은 '(짐승이) 풀만 먹는 것.'을 뜻하므로 ㉢의 빈칸에 들어가는 것이 알맞습니다.

5 '초원'은 '풀이 나 있는 들판.'을 뜻하므로 ㉡의 빈칸에 들어가는 것이 알맞습니다.

6 '초록색'은 '짙은 풀의 빛깔과 같은 색. 초록.'을 뜻하므로 ㉮의 빈칸에 들어가는 것이 알맞습니다.

심화

7 초식 동물에 대해 설명하고 있는 글입니다. 따라서 빈칸에 들어갈 말은 '(짐승이) 풀만 먹는 것.'을 뜻하는 '초식'입니다.

1 세종 **2** ⑤ **3** 백성

4 ② **5** ④

세종 대왕의 소망이 담긴 한글

글의 종류
설명하는 글

글의 특징
세종 대왕이 한글을 만든 까닭과 한글의 특징에 대하여 설명하는 글입니다.

주제
백성들을 위해 쉽게 읽고 쓸 수 있는 글자를 만든 세종 대왕

1 이 글은 세종 대왕이 한글을 만든 까닭과 한글의 특징에 대하여 설명하는 글이므로, 제목의 빈칸에는 '세종'이 들어가는 것이 알맞습니다.

2 이 글은 세종 대왕이 한글을 만든 까닭을 설명하고 있습니다.

❷ **오답 풀이**
① 한글의 좋은 점에 대하여 말하고 있습니다.
② 한자를 배워야 하는 까닭에 대한 내용은 나타나 있지 않습니다.
③ 세종 대왕이 한 일에 대하여 옳고 그름을 묻고 있지는 않습니다.
④ 다른 나라에서 칭찬을 했다는 내용은 있으나, 다른 나라 사람들도 한글을 배워야 한다고 말하는 것은 아닙니다.

3 세종 대왕은 먹고살기 바빠서 어려운 글자인 한자를 배우지 못해 글을 읽고 쓰지 못하는 백성들을 안타깝게 생각했습니다. 그래서 누구나 쉽게 읽고 쓸 수 있는 글자인 한글을 만들었습니다.

4 세종 대왕은 백성들이 글을 몰라 억울한 일을 겪는 것을 가슴 아프게 생각하여 한글을 만들었습니다. 따라서 '남의 좋은 일이나 물건을 보고 자기도 그런 일을 이루거나 그런 물건을 가졌으면 하고 바라는 마음이 있다.'는 뜻의 '부럽다'는 ㉠에 어울리지 않습니다.

5 '소망'은 '바라는 것. 또는 희망하는 것.'이라는 뜻이므로 이와 뜻이 비슷한 말은 '이루어지기를 바라는 일.'이라는 뜻의 '소원'입니다.

어휘력 더하기 ① '원망'은 '못마땅하게 여기어 탓하거나 불평을 품고 미워함.'을 뜻하는 말입니다. ② '전망'은 '넓고 먼 곳을 멀리 바라봄. 또는 멀리 내다보이는 경치.'를 뜻하는 말입니다. ③ '실망'은 '바라던 일이 뜻대로 되지 아니하여 마음이 몹시 상함.'을 뜻하는 말입니다. ⑤ '사랑'은 '어떤 사람이나 존재를 몹시 아끼고 귀중히 여기는 마음. 또는 그런 일.'을 뜻하는 말입니다.

알쏭달쏭 맞춤법 *맞춤법에 맞게 쓴 낱말에 ○표 하세요.

• 깜짝 놀라 (가만이 , 가만히) 서 있었어요.
[맞춤법 더하기] 꾸며 주는 말을 만드는 말인 '-히'가 붙는 말에는 '가만히, 열심히, 솔직히' 등이 있어요. '-이'와 헷갈리기 쉬우니 잘 구별해서 쓰도록 해요.
정답 가만히

어휘 학습

082 쪽

❶ 소망 ❷ 소문
❸ 소용

1 ④ **2** ⓓ **3** ㉮

4 소문 **5** 소용 **6** 소망

7 ②

이해

1 '소망'은 '바라는 것. 또는 희망하는 것.'을 뜻합니다.

2 '소문'은 '사실인지 거짓인지 모르지만 사람들 사이에 널리 퍼진 말이나 소식.'을 뜻합니다.

3 '소용'은 '이익이나 쓸모가 있는 것.'을 뜻합니다.

적용

4 빈칸에 들어갈 말은 '사실인지 거짓인지 모르지만 사람들 사이에 널리 퍼진 말이나 소식.'을 뜻하는 '소문'입니다.

5 빈칸에 들어갈 말은 '이익이나 쓸모가 있는 것.'을 뜻하는 '소용'입니다.

6 빈칸에 들어갈 말은 '바라는 것. 또는 희망하는 것.'을 뜻하는 '소망'입니다.

심화

7 새해가 되면 사람들은 떠오르는 해를 보면서 바라는 것이나 이루어졌으면 하는 소망이나 소원을 빕니다. 따라서 빈칸에 들어갈 말은 '바라는 것. 또는 희망하는 것.'을 뜻하는 '소망'입니다.

084~085 쪽

1 발명   2 ①

3 ⑤   4 (1) ○

5 ⑤

발명은 어떻게 할까요?

글의 종류
설명하는 글

글의 특징
발명을 하는 방법에 대하여
설명하는 글입니다.

주제
발명을 하는 세 가지 방법

---

1 이 글은 발명을 하는 방법에 대하여 설명하고 있으므로 제목의 빈칸에는 '발명'이 들어가는 것이 알맞습니다.

2 이 글은 발명하는 방법을 세 가지로 나누어 알려 주는 글입니다.

✔ 오답 풀이
② 발명품을 파는 방법에 대해서는 나타나 있지 않습니다.
③ 유명한 발명가가 되는 방법에 대해서는 나타나 있지 않습니다.
④ 호기심이 생길 때 답을 찾는 방법에 대해서는 나타나 있지 않습니다.
⑤ 발명가 에디슨에 대한 이야기는 전구를 만들어 냈다는 내용만 있습니다.

3 발명은 세상에 없었던 새로운 것을 만들어 내는 것이므로, 다른 사람이 만든 물건을 똑같이 만드는 것은 발명이 아닙니다.

4 '발명'은 '아직까지 없던 기술이나 물건을 새로 생각하여 만들어 냄.'이라는 뜻이므로 (1)의 문장에 넣는 것이 어울립니다. (2)에는 '이제까지 찾아내지 못했거나 세상에 알려지지 않은 것을 처음으로 찾아내거나 알아내는 것.'이라는 뜻의 '발견'이 들어가는 것이 어울립니다.

어휘력 더하기 '발명'과 '발견'은 헷갈릴 수 있으므로 잘 구별해서 사용해야 합니다. ⑩ 에디슨은 전구를 발명했다. / 새로운 유물을 발견했다.

5 ⓒ'새롭다'는 '지금까지 있은 적이 없다.'라는 뜻으로 쓰였습니다.

알쏭달쏭 맞춤법 *맞춤법에 맞게 쓴 낱말에 ○표 하세요.

• 물이 (새서 , 세서) 가방이 젖었어요.
[맞춤법 더하기] '새다'와 '세다'는 모양과 소리가 비슷해서 헷갈리기 쉬워요. '새다'는 액체가 흘러나올 때 쓰는 말이고, '세다'는 개수를 헤아릴 때 쓰는 말이에요. 뜻이 어떻게 다른지 기억하고 헷갈리지 않도록 해요.
정답 새서

---

086 쪽

❶ 발명   ❷ 발견
❸ 발표

087 쪽   이해 적용 심화

1 ⓒ   2 ㉠   3 ⓛ

4 ㉰   5 ㉯   6 ㉮

7 ⑤

어휘
학습

이해

1 '발견'은 '이제까지 찾아내지 못했거나 세상에 알려지지 않은 것을 처음으로 찾아내거나 알아내는 것.'입니다.

2 '발명'은 '아직까지 없던 기술이나 물건을 새로 생각하여 만들어 냄.'입니다.

3 '발표'는 '어떤 사실이나 결과, 작품 따위를 세상에 널리 드러내어 알림.'입니다.

적용

4 '발명'은 '아직까지 없던 기술이나 물건을 새로 생각하여 만들어 냄.'을 뜻하므로 ㉰의 빈칸에 들어가는 것이 알맞습니다.

5 '발표'는 '어떤 사실이나 결과, 작품 따위를 세상에 널리 드러내어 알림.'을 뜻하므로 ㉯의 빈칸에 들어가는 것이 알맞습니다.

6 '발견'은 '이제까지 찾아내지 못했거나 세상에 알려지지 않은 것을 처음으로 찾아내거나 알아내는 것.'을 뜻하므로 ㉮의 빈칸에 들어가는 것이 알맞습니다.

심화

7 지금까지는 없었던 새로운 것을 만들어 내는 것은 '발명'입니다.

088~089 쪽

1 이순신   **2** ②

3 ④   **4** ①   **5** 자손

이순신 장군은 후손들의 영웅이에요

글의 종류
전기문

글의 특징
일본과의 싸움에서 큰 활약을 한 이순신 장군에 대한 전기문입니다.

주제
일본과의 싸움에서 큰 활약을 한 이순신 장군

1 이 글은 일본과의 전투에서 큰 활약을 한 이순신 장군에 대한 전기문입니다. 따라서 이 글에서 중심이 되는 인물은 '이순신 장군'입니다.

2 일본 군사들은 이순신 장군과 거북선이 나타났다는 소리만 들어도 벌벌 떨며 도망치기 바빴다고 하였습니다.

✔ 오답 풀이
① 두 번째 문단에서 일본이 우리나라를 공격하였다고 하였습니다.
③ 마지막 문단에서 이순신 장군은 일본 군사들과의 싸움 중에 날아오는 총알에 맞아 최후를 맞이하였다고 하였습니다.
④ 세 번째 문단에서 일본 군사들은 이순신 장군과의 싸움에서는 단 한 번도 이길 수가 없었다고 하였습니다.
⑤ 첫 번째 문단에서 이순신 장군은 다른 나라의 공격에 미리 준비해야 한다고 생각해서 군사들을 훈련시키고, 배와 무기도 준비해 두었다고 하였습니다.

3 거북선은 바다에서 싸울 때 사용했던 배이므로 땅에서 하는 싸움과는 상관이 없습니다.

4 첫 번째 문단에서 이순신 장군은 다른 나라의 공격에 미리 준비해야 한다고 생각해서 군사들을 훈련시키고 배와 무기도 준비해 두었다는 내용이 나타나 있습니다. 따라서 ㉠에는 '어떤 일이 생기기 전에.'라는 뜻의 '미리'가 들어가는 것이 알맞습니다.

5 '후손'은 '자신의 세대에서 여러 세대가 지난 뒤의 자녀를 통틀어 이르는 말.'이라는 뜻을 가지고 있으므로, 이와 바꾸어 쓸 수 있는 말은 같은 뜻을 지닌 '자손'입니다.

어휘력 더하기 부모는 '아버지와 어머니를 아울러 이르는 말.'이라는 뜻을 지닌 말이고, '조상'은 '돌아간 어버이 위로 대대의 어른, 자기 세대 이전의 모든 세대.'를 뜻하는 말입니다.

알쏭달쏭 맞춤법   *맞춤법에 맞게 쓴 낱말에 ○표 하세요.

• 무거운 가방을 어깨에 (매고 , **메고**) 걸어요.
[맞춤법 더하기] '매다'와 '메다'는 모양과 소리가 비슷해서 헷갈리기 쉬워요. '매다'는 끈을 묶어 마디를 만든다는 뜻이고, '메다'는 어깨에 걸치거나 올려놓는다는 뜻이에요.

정답 메고

어휘 학습

090 쪽

❶ 후손   ❷ 후원
❸ 후회

091 쪽 이해 적용 심화

1 후회 **2** 후원 **3** 후손

4 ○ **5** ○ **6** ✕

7 ㉡

[이해]

1 '일이 지난 뒤에 잘못을 깨닫고 뉘우침.'을 뜻하는 말은 '후회'입니다.

2 '어떤 사람이나 일을 뒤에서 도와주는 것.'을 뜻하는 말은 '후원'입니다.

3 '자신의 세대에서 여러 세대가 지난 뒤의 자녀를 통틀어 이르는 말.'을 뜻하는 말은 '후손'입니다.

[적용]

4 '후회'는 '일이 지난 뒤에 잘못을 깨닫고 뉘우침.'을 뜻하므로 바르게 쓰였습니다.

5 '후원'은 '어떤 사람이나 일을 뒤에서 도와주는 것.'을 뜻하므로 바르게 쓰였습니다.

6 '후손'은 '자신의 세대에서 여러 세대가 지난 뒤의 자녀를 통틀어 이르는 말.'을 뜻하므로 바르지 않게 쓰였습니다.

[심화]

7 '자기의 잘못을 깨닫고 마음속으로 후회하다.'를 뜻하는 '뉘우치다'와 뜻이 비슷한 말은 '일이 지난 뒤에 잘못을 깨닫고 뉘우침.'을 뜻하는 '후회'입니다.

094~095쪽

1 며느리　　**2** ⑤

3 ③　　**4** ①　　**5** (2) ○

꿩 먹고 알 먹은 지혜로운 셋째 며느리

글의 종류
이야기

글의 특징
볍씨 한 톨로 황소를 얻고 많은 재산도 물려받게 된 지혜로운 셋째 며느리의 이야기입니다.

주제
작은 것이라도 지혜롭게 이용하면 많은 이익을 보게 됨.

1 이 글은 볍씨 한 톨로 황소를 얻고 많은 재산도 물려받게 된 지혜로운 셋째 며느리의 이야기이므로 제목의 빈칸에는 '며느리'가 들어가는 것이 알맞습니다.

2 비록 작은 볍씨 한 톨이지만 지혜를 발휘하여 황소와 많은 재산까지 얻게 된 셋째 며느리의 이야기를 통해 작은 것이라도 지혜롭게 이용하면 많은 이익을 보게 된다는 교훈을 주는 글입니다.

3 셋째 며느리는 돼지가 낳은 새끼들을 모두 팔아 송아지 한 마리를 샀고, 그 송아지가 황소가 되었으므로 ③은 알맞지 않습니다.

✅ 오답 풀이
① 셋째 며느리는 볍씨 한 톨로 참새를 잡았다고 하였습니다.
② 셋째 며느리는 잡은 참새를 달걀 한 줄과 바꾸었다고 하였습니다.
④ 셋째 며느리는 돼지가 낳은 새끼들을 모두 팔아 송아지 한 마리를 샀다고 하였습니다.
⑤ 셋째 며느리는 달걀들을 암탉들로 키워서 시장에 내다 판 돈으로 새끼 돼지 한 마리를 샀다고 하였습니다.

4 '고민'은 '마음속으로 괴로워하고 애를 태움.'이라는 뜻이므로 이와 뜻이 비슷한 말은 '안심이 되지 않아 속을 태움.'을 뜻하는 '걱정'입니다.

5 '꿩 먹고 알 먹는다'는 '한 가지 일을 하여 두 가지 이상의 이익을 보게 됨을 비유적으로 이르는 말.'입니다. '어렵거나 나쁜 일이 겹치어 일어나다.'의 뜻을 가진 속담은 '엎친 데 덮치다'입니다.

어휘력 더하기 '꿩 먹고 알 먹는다'와 뜻이 같은 말로는 '굿 보고 떡 먹기'가 있습니다.

┌───┐
알쏭달쏭 맞춤법 * 맞춤법에 맞게 쓴 낱말에 ○표 하세요.

• 나는 동생과 몸무게가 (같다 , 갖다).
[맞춤법 더하기] '같다'는 '서로 다르지 않고 비슷하다.'이고, '갖다'는 '손이나 몸 따위에 있게 하다.'이므로 각각의 뜻에 따라 잘 구별해서 써야 해요.

정답 같다
└───┘

096쪽

❶ 꿩　　❷ 소식

❸ 범

097쪽　이해　적용　심화

1 ㉰　**2** ㉮　**3** ㉯

4 강아지　**5** 꿩

6 알　　**7** (1) ○

어휘 학습

이해

1 '꿩 먹고 알 먹는다'는 한 가지 일을 하여 두 가지 이상의 이익을 보게 됨을 비유적으로 이르는 말입니다.

2 '꿩 구워 먹은 소식'은 소식이 전혀 없음을 비유적으로 이르는 말입니다.

3 '하룻강아지 범 무서운 줄 모른다'는 철없이 함부로 덤비는 경우를 비유적으로 이르는 말입니다.

적용

4 철없이 함부로 덤비는 경우를 뜻하는 '하룻강아지 범 무서운 줄 모른다'가 어울립니다.

5 소식이 전혀 없음을 뜻하는 '꿩 구워 먹은 소식'이 어울립니다.

6 한 가지 일을 하여 두 가지 이상의 이익을 보게 됨을 뜻하는 '꿩 먹고 알 먹는다'가 어울립니다.

심화

7 유미는 방 청소를 하다가 돈을 발견해서 방도 깨끗해지고 돈도 생겼으므로 '꿩 먹고 알 먹는다'라는 속담이 어울립니다.

1 말 2 ② 3 (2) ○
4 ③ 5 (2) ○

가는 말이 고와야 오는 말이 고와요

글의 종류
생활문

글의 특징
자기가 남에게 좋게 하여야
남도 자기에게 좋게 한다는
것을 깨닫게 된 지훈이의 일
기입니다.

주제
자기가 남에게 좋게 하여야
남도 자기에게 좋게 함.

1 이 글은 자기가 남에게 좋게 하여야 남도 자기에게 좋게 한다는 것을 깨닫게 된 지훈이의 일기이므로 '가는 말이 고와야 오는 말이 곱다'라는 말이 어울립니다. 따라서 제목의 빈칸에는 '말'이 들어가는 것이 알맞습니다.

2 지훈이는 자기가 남에게 좋게 하여야 남도 자기에게 좋게 한다는 것을 깨닫고 영준이에게 진심으로 사과했습니다.

♥ 오답 풀이
① 첫 번째 문단에서 오늘 학교에서 지훈이가 영준이와 싸웠다는 것을 알 수 있습니다.
③ 첫 번째 문단에서 지훈이가 실수로 필통을 집에 놓아두고 학교에 갔다는 것을 알 수 있습니다.
④ 영준이의 말에서 진아는 영준이에게 상냥한 목소리로 연필을 빌려 달라고 했다는 것을 알 수 있습니다.
⑤ 영준이의 말에서 영준이는 자신을 놀리고 허락 없이 연필을 가져가려는 지훈이에게 화가 난 것을 알 수 있습니다.

3 지훈이는 자신이 영준이를 놀리고 물건을 함부로 가져가려 해서 영준이가 연필을 빌려주지 않았다는 것을 알게 되었습니다. 그래서 지훈이는 앞으로 친구들을 놀리지 않고 다른 사람에게 좋게 행동하도록 노력해야겠다고 다짐했습니다.

4 그림 대회에서 일 등을 한 것은 실수로 볼 수 없습니다. '그림 대회에서 일 등을 하다니 정말 잘했어.'와 같이 쓰는 것이 어울립니다.

5 '가는 말이 고와야 오는 말이 곱다'는 자기가 남에게 말이나 행동을 좋게 하여야 남도 자기에게 좋게 한다는 말입니다.

어휘력 더하기 '가는 말이 고와야 오는 말이 곱다'와 비슷한 뜻을 지닌 말에는 '남을 먼저 챙기고 마음을 쓰면 남도 나에게 잘한다.'는 뜻의 '가는 정이 있어야 오는 정이 있다'가 있습니다.

┌───┐
│ **알쏭달쏭 맞춤법** *맞춤법에 맞게 쓴 낱말에 ○표 하세요.   │
│   │
│ • 풀 냄새를 (맞으니 , **맡으니**) 기분이 상쾌해요.   │
│ [맞춤법 더하기] '맡다'는 '코를 통해 냄새를 알아차리다.'이고, '맞다'는 '말이나 답이 틀리지 않다.'이므로 │
│ 각각의 뜻에 따라 잘 구별해서 써야 해요.   │
│   **정답** 맡으니 │
└───┘

어휘학습

100 쪽

❶ 말   ❷ 빚
❸ 발

101 쪽 이해 · 적용 · 심화

1 ㉢ 2 ㉣ 3 ㉠
4 ㉮ 5 ㉰ 6 ㉯
7 (2) ○

이해

1 '말만 잘하면 어려운 일이나 불가능해 보이는 일도 해결할 수 있다는 말.'을 뜻하는 속담은 '말 한마디에 천 냥 빚도 갚는다'입니다.

2 '자기가 남에게 말이나 행동을 좋게 하여야 남도 자기에게 좋게 한다는 말.'을 뜻하는 속담은 '가는 말이 고와야 오는 말이 곱다'입니다.

3 '말은 비록 발이 없지만 천 리 밖까지도 순식간에 퍼진다는 뜻으로, 말을 삼가야 함을 비유적으로 이르는 말.'을 뜻하는 속담은 '발 없는 말이 천 리 간다'입니다.

적용

4 ㉮는 '발 없는 말이 천 리 간다'라는 말이 어울리는 상황입니다.

5 ㉰는 '말 한마디에 천 냥 빚도 갚는다'라는 말이 어울리는 상황입니다.

6 ㉯는 '가는 말이 고와야 오는 말이 곱다'라는 말이 어울리는 상황입니다.

심화

7 수진이가 좋게 말하지 않아서 우진이도 좋게 말하지 않은 상황이므로 '가는 말이 고와야 오는 말이 곱다'라는 말이 어울립니다.

102~103쪽

1 외양간   2 ①

3 ④   4 (1) ○

5 ⑤

소 잃고 외양간 고치지 않게 미리 준비해요

글의 종류
생활문

글의 특징
일을 그르치고 난 뒤에 뉘우쳐 봐야 아무 소용이 없다는 것을 알려 주는 생활문입니다.

주제
일을 그르치고 난 뒤에 뉘우쳐 봐야 아무 소용이 없으므로 미리 준비해야 함.

1 이 글에서 글쓴이는 소 잃고 외양간 고치는 일이 없도록 미리 준비하자고 말하고 있으므로, 제목의 빈칸에는 '외양간'이 들어가는 것이 알맞습니다.

2 이 글은 글쓴이가 경험한 일을 이야기하듯이 적은 글인 생활문입니다.

　✔ 오답 풀이
　② 이 글은 글쓴이가 경험한 일을 쓴 글로, 상상한 내용을 쓴 글은 아닙니다.
　③ 여행을 한 후에 쓴 글은 기행문입니다.
　④ 책을 읽고 느낀 점을 쓴 글은 독서 감상문입니다.
　⑤ 자신이 아는 내용을 다른 사람들에게 알려 주기 위하여 쓰는 글은 설명문입니다.

3 이 글에서 외양간 문을 고치는 방법은 찾을 수 없습니다.

　✔ 오답 풀이
　㉮ 회사는 건물이 무너질 것 같다는 사람들의 경고를 무시하고 아파트를 짓다가 무너져 사과하였습니다.
　㉰ 공사장 근처의 사람들이 건물이 무너질 것 같다고 이야기를 했을 때 공사장을 점검했다면, 아파트가 무너지는 것을 막을 수도 있었을 것입니다.

4 '소 잃고 외양간 고친다'는 말의 뜻은 '일이 이미 잘못된 뒤에는 손을 써도 소용이 없음을 비꼬는 말.'입니다.

　어휘력 더하기 '무슨 일이든 깊이 생각하고 신중하게 행동해야 한다.'는 뜻을 지닌 말로는 '돌다리도 두들겨 보고 건너라'가 있습니다.

5 받아쓰기 시험을 미리 준비하지 못한 것을 안타까워하고 있으므로 ㉡에는 '이전의 잘못을 깨치고 뉘우침.'이라는 뜻을 지닌 '후회'가 들어가는 것이 알맞습니다.

알쏭달쏭 맞춤법   *맞춤법에 맞게 쓴 낱말에 ○표 하세요.

• 만두를 (빗어요 , 빚어요).
　[맞춤법 더하기] '빗다'는 '빗으로 머리카락을 가지런히 다듬다.'이고, '빚다'는 '떡, 도자기 등을 손으로 다듬어서 만들다.'이므로 각각의 뜻에 따라 잘 구별해서 써야 해요.
　　　　　　　　　　　　　　　　　　　　　　　　　　　정답 빚어요

---

104 쪽

❶ 소   ❷ 경

❸ 우물

어휘
학습

105 쪽 이해 적용 심화

1 ㉡ 2 ㉢ 3 ㉠

4 × 5 ○ 6 ○

7 (2) ○

　이해

1 '우물 안 개구리'는 넓은 세상의 형편을 알지 못하는 사람을 비유적으로 이르는 말입니다.

2 '쇠귀에 경 읽기'는 아무리 가르치고 일러 주어도 알아듣지 못하거나 효과가 없는 경우를 이르는 말입니다.

3 '소 잃고 외양간 고친다'는 일이 이미 잘못된 뒤에는 손을 써도 소용이 없음을 비꼬는 말입니다.

　적용

4 '소 잃고 외양간 고친다'는 일이 이미 잘못된 뒤에는 손을 써도 소용이 없음을 비꼬는 말을 뜻하므로, 바르지 않게 쓰였습니다.

5 '우물 안 개구리'는 넓은 세상의 형편을 알지 못하는 사람을 비유적으로 이르는 말을 뜻하므로, 바르게 쓰였습니다.

6 '쇠귀에 경 읽기'는 아무리 가르치고 일러 주어도 알아듣지 못하거나 효과가 없는 경우를 이르는 말이므로, 바르게 쓰였습니다.

　심화

7 지연이는 강아지를 잃어버린 뒤에야 목줄을 사려고 하고 있으므로 (2)의 속담이 어울립니다.

106~107쪽

1 아들 **2** ④ **3** ②
4 ③ **5** (1) ○

하늘은 스스로 돕는 자를 도와요

글의 종류
이야기

글의 특징
한겨울에 어머니를 위해 잉어를 구한 아들의 이야기를 통해 어떤 일을 이루기 위해서는 자신의 노력이 중요하다는 깨달음을 주는 이야기입니다.

주제
어떤 일을 이루기 위해서는 자신의 노력이 중요함.

1 이 글은 한겨울에 어머니를 위해 잉어를 구한 아들의 이야기이므로 아들이 중심인물이라고 할 수 있습니다.

2 아들이 삼 일 동안 한자리에 엎드려 빌자 무릎에 닿은 얼음이 깨졌고, 그 구멍으로 잉어 한 마리가 뛰어올라서 아들은 잉어를 구할 수 있었습니다.

3 잉어를 구하고자 하는 아들의 간절한 마음과 삼 일 동안 엎드려서 하늘에 빈 노력 덕분에 잉어를 구할 수 있었습니다.

✅ 오답 풀이
① 어머니가 아들을 사랑한 것과 잉어를 구할 수 있었던 것은 관계가 없습니다.
③ 하늘이 아들에게 벌을 내렸다는 내용은 나타나 있지 않습니다.
④ 아들이 삼 일 동안 한자리에 엎드려 빌자 무릎에 닿은 얼음이 깨진 것입니다.
⑤ 마을 사람들이 아들을 도와주었다는 내용은 나타나 있지 않습니다.

4 ㉠'쉽다'는 '하기가 까다롭거나 힘들지 않다.'라는 뜻이므로 '하기가 까다로워 힘에 겹다.'라는 뜻의 '어렵다'가 뜻이 반대되는 말입니다.

5 '하늘은 스스로 돕는 자를 돕는다'라는 말은 '하늘은 스스로 노력하는 사람을 성공하게 만든다는 뜻으로, 어떤 일을 이루기 위해서는 자신의 노력이 중요함을 이르는 말.'입니다.

> **어휘력 더하기** '하늘은 스스로 돕는 자를 돕는다'와 비슷한 뜻을 지닌 말에는 '지성이면 감천'이 있습니다. 이 말은 정성이 지극하면 하늘도 감동하게 된다는 뜻으로, 무슨 일에든 정성을 다하면 아주 어려운 일도 순조롭게 풀리어 좋은 결과를 맺는다는 말입니다.

> **알쏭달쏭 맞춤법** * 맞춤법에 맞게 쓴 낱말에 ○표 하세요.
>
> • 벌 떼들이 집을 (짓고 , 짖고) 있어요.
> [맞춤법 더하기] '짓다'는 '무엇을 재료로 밥, 옷, 집 등을 만들다.'이고, '짖다'는 '개·까마귀 등이 시끄럽고 크게 소리 내다.'이므로 각각의 뜻에 따라 잘 구별해서 써야 해요.
> **정답** 짓고

어휘 학습

108쪽

❶ 하늘 ❷ 탑
❸ 태산

109쪽 이해 적용 심화

1 스스로 **2** 티끌
3 탑 **4** 하늘 **5** 태산
6 탑 **7** (2) ○

[이해]

1 어떤 일을 이루기 위해서는 자신의 노력이 중요함을 이르는 말은 '하늘은 스스로 돕는 자를 돕는다'입니다.

2 아무리 작은 것이라도 모이고 모이면 나중에 큰 덩어리가 됨을 비유적으로 이르는 말은 '티끌 모아 태산'입니다.

3 힘을 다하고 정성을 다하여 한 일은 그 결과가 반드시 헛되지 아니함을 비유적으로 이르는 말은 '공든 탑이 무너지랴'입니다.

[적용]

4 '하늘은 스스로 돕는 자를 돕는다'가 어울리므로 빈칸에 들어갈 말은 '하늘'입니다.

5 '티끌 모아 태산'이 어울리므로 빈칸에 들어갈 말은 '태산'입니다.

6 '공든 탑이 무너지랴'가 어울리므로 빈칸에 들어갈 말은 '탑'입니다.

[심화]

7 엄마는 태권도 심사를 걱정하는 윤호에게 열심히 노력했기 때문에 좋은 결과가 있을 것이라고 말하고 있으므로 '공든 탑이 무너지랴'라는 말이 어울립니다.

110~111쪽

1 다윗, 골리앗 2 ⑤
3 (2) ○   4 ④
5 ⑤

길고 짧은 것은 대어 보아야 아는 법

글의 종류
이야기

글의 특징
소년 다윗이 골리앗을 이긴 내용으로, 이기고 지는 것은 실제로 겨루어 보아야 알 수 있다는 이야기입니다.

주제
이기고 지는 것은 실제로 겨루어 보아야 알 수 있음.

1 이 글은 소년 다윗이 거인 골리앗을 이긴 이야기이므로 중심이 되는 인물은 다윗과 골리앗입니다.

2 왕은 다윗이 전쟁에 나가는 것을 허락했습니다.

   ✔ 오답 풀이
   ① 다윗은 돌멩이를 골리앗을 향해 던졌고, 이마에 돌멩이를 맞은 골리앗은 쓰러졌습니다.
   ② 골리앗은 몸집이 다른 사람보다 훨씬 크고 힘도 셌습니다.
   ③ 다윗은 자신이 전쟁에 나가서 골리앗과 싸우도록 해 준다면 반드시 골리앗을 무너뜨리겠다고 왕에게 약속했습니다.
   ④ 이웃 나라의 거인 골리앗이 군대를 이끌고 다윗의 나라에 쳐들어왔습니다.

3 이 글은 소년인 다윗이 거인인 골리앗을 예상 밖으로 이긴 이야기이므로, 질 줄 알았지만 막상 겨루어 보니 이기게 된 유담이의 경험이 이 글과 관련한 경험으로 알맞습니다.

4 '허락'은 '부탁하는 일을 하도록 들어줌.'이라는 뜻의 말입니다.

5 ⓒ에는 크고 작고, 이기고 지고, 잘하고 못하는 것은 실제로 겨루어 보거나 겪어 보아야 알 수 있다는 말인 '길고 짧은 것은 대어 보아야 안다'가 들어가는 것이 어울립니다.

   어휘력 더하기 ① '개천에서 용 난다'는 미천한 집안이나 변변하지 못한 부모에게서 훌륭한 인물이 나는 경우를 이르는 말입니다. ② '달면 삼키고 쓰면 뱉는다'는 옳고 그름이나 신의를 돌보지 않고 자기의 이익만 꾀함을 비유적으로 이르는 말입니다. ③ '금강산 구경도 식후경이라'는 아무리 재미있는 일이라도 배가 불러야 흥이 나지 배가 고파서는 아무 일도 할 수 없음을 비유적으로 이르는 말입니다. ④ '구슬이 서 말이라도 꿰어야 보배'는 아무리 훌륭하고 좋은 것이라도 다듬고 정리하여 쓸모 있게 만들어 놓아야 값어치가 있음을 비유적으로 이르는 말입니다.

   ┌───┐
   │ **알쏭달쏭 맞춤법** * 맞춤법에 맞게 쓴 낱말에 ○표 하세요. │
   │   │
   │ • 스케치북 한 장을 (찢어요 , 찧어요).   │
   │ [맞춤법 더하기] '찢다'는 '무엇을 갈라지게 하다.'이고, '찧다'는 '곡식 등을 잘게 부수려고 절구에 넣고 공 │
   │ 이로 내려치다.'이므로 각각의 뜻에 따라 잘 구별해서 써야 해요. │
   │   **정답** 찢어요 │
   └───┘

어휘 학습

112쪽

❶ 짧은   ❷ 키
❸ 나는

113쪽 이해 · 적용 · 심화

1 ④   2 ㉮   3 ㉰
4 도토리   5 길고
6 뛰는   7 (2) ○

이해

1 '도토리 키 재기'는 정도가 고만고만한 사람끼리 서로 다툼을 이르는 말입니다.

2 '뛰는 놈 위에 나는 놈 있다'는 아무리 재주가 뛰어나다 하더라도 그보다 더 뛰어난 사람이 있다는 뜻입니다.

3 '길고 짧은 것은 대어 보아야 안다'는 크고 작고, 이기고 지고, 잘하고 못하는 것은 실제로 겨루어 보거나 겪어 보아야 알 수 있다는 말입니다.

적용

4 '도토리 키 재기'가 어울리므로 빈칸에 들어갈 말은 '도토리'입니다.

5 '길고 짧은 것은 대어 보아야 안다'가 어울리므로 빈칸에 들어갈 말은 '길고'입니다.

6 '뛰는 놈 위에 나는 놈 있다'가 어울리므로 빈칸에 들어갈 말은 '뛰는'입니다.

심화

7 키는 지훈이보다 상준이가 크지만 직접 붙어 보지 않고서는 지훈이보다 상준이의 힘이 더 세다고 할 수 없으므로 '길고 짧은 것은 대어 보아야 안다'라는 속담이 어울립니다.

1 고래   **2** ③

3 ㉮   **4** ③, ④

5 (1) ㉯ (2) ㉮

'고래 싸움에 새우 등 터진다'를 알아봐요

글의 종류
설명하는 글

글의 특징
고래와 새우에 관련된 속담을 알려 주는 글입니다.

주제
고래와 새우의 크기가 다른 것을 이용한 속담

---

1 이 글은 고래 싸움에 새우 등 터진다는 속담을 설명하고 있으므로 제목의 빈칸에는 '고래'가 들어가는 것이 알맞습니다.

2 글쓴이는 고래와 새우에 관련된 속담에 대해서 알려 주려고 이 글을 썼습니다.

3 동물과 관련된 속담이 많은 까닭은 이 글에 나타나 있지 않습니다.

  ✔ **오답 풀이**
  ㉯ 이 글에서는 오빠들이 싸워서 싸우지 않은 동생까지 부모님께 야단을 맞는 상황을 고래 싸움에 새우 등 터지는 상황의 예로 말하고 있습니다.
  ㉰ '새우 싸움에 고래 등 터진다'는 속담도 있다고 하였습니다.

4 ㉠'크다'와 ㉡'작다'는 서로 반대되는 뜻을 지닌 말입니다. ③과 ④는 뜻이 반대되는 말끼리 짝 지어져 있습니다.

  어휘력 더하기 ③ '대상의 성질이나 내용 따위가 보통 이상의 수준이어서 만족할 만하다.'라는 뜻의 '좋다'는 '좋지 아니하다.'라는 뜻의 '나쁘다'와 서로 반대되는 뜻을 지니고 있습니다. ④ '어떤 동작을 하는 데 걸리는 시간이 짧다.'라는 뜻의 '빠르다'는 '어떤 동작을 하는 데 걸리는 시간이 길다.'라는 뜻의 '느리다'와 서로 반대되는 뜻을 지니고 있습니다.

5 '고래 싸움에 새우 등 터진다'는 강한 자들끼리 싸우는 통에 아무 상관도 없는 약한 자가 중간에 끼어 피해를 입게 됨을 비유적으로 이르는 말입니다. '새우 싸움에 고래 등 터진다'는 아랫사람이 저지른 일로 인하여 윗사람에게 해가 미치는 경우를 비유적으로 이르는 말입니다.

알쏭달쏭 맞춤법   ＊맞춤법에 맞게 쓴 낱말에 ○표 하세요.

• 이모가 아기를 (나았어요 , 낳았어요).

  [맞춤법 더하기] '낫다'는 '몸의 병이나 상처가 고쳐지다.'이고, '낳다'는 '배 속의 아이, 새끼, 알을 몸 밖으로 내놓다.'이므로 각각의 뜻에 따라 잘 구별해서 써야 해요.

                                         정답 낳았어요

어휘 학습

❶ 고래   ❷ 배꼽

❸ 도끼

이해 적용 심화

1 ㉠ **2** ㉢ **3** ㉡

4 발등 **5** 새우 **6** 배

7 (1) ○

이해

1 '배보다 배꼽이 더 크다'는 기본이 되는 것보다 덧붙이는 것이 더 많거나 큰 경우를 비유적으로 이르는 말입니다.

2 '믿는 도끼에 발등 찍힌다'는 잘되리라고 믿고 있던 일이 어긋나거나 믿고 있던 사람이 배반하여 오히려 해를 입음을 비유적으로 이르는 말입니다.

3 '고래 싸움에 새우 등 터진다'는 강한 자들끼리 싸우는 통에 아무 상관도 없는 약한 자가 중간에 끼어 피해를 입게 됨을 비유적으로 이르는 말입니다.

적용

4 '믿는 도끼에 발등 찍힌다'가 어울리므로 빈칸에 들어갈 말은 '발등'입니다.

5 '고래 싸움에 새우 등 터진다'가 어울리므로 빈칸에 들어갈 말은 '새우'입니다.

6 '배보다 배꼽이 더 크다'가 어울리므로 빈칸에 들어갈 말은 '배'입니다.

심화

7 하선이는 용돈을 아끼려고 버스를 타지 않고 걸어가다가 다리를 다쳐서 아끼려던 버스 요금보다 더 많은 금액의 병원비를 썼으므로 '배보다 배꼽이 더 크다'라는 속담이 어울립니다.

118~119 쪽

1 콩   2 ②
3 ①, ②   4 (2) ○
5 ③

콩 심은 데 콩 나고 팥 심은 데 팥 난대요

글의 종류
설명하는 글

글의 특징
'콩 심은 데 콩 나고 팥 심은 데 팥 난다'는 속담을 사용하는 경우를 설명하는 글입니다.

주제
'콩 심은 데 콩 나고 팥 심은 데 팥 난다'는 속담을 사용하는 경우

1 이 글은 '콩 심은 데 콩 나고 팥 심은 데 팥 난다'는 말을 사용하는 경우를 설명하고 있으므로, 제목의 빈칸에는 '콩'이 들어가는 것이 알맞습니다.

2 이 글은 '콩 심은 데 콩 나고 팥 심은 데 팥 난다'는 속담을 설명하는 글입니다.

✅ 오답 풀이
① 부모님께 감사의 마음을 전하는 글은 아닙니다.
③ 『콩쥐팥쥐』를 읽고 쓴 독서 감상문은 아닙니다.
④ 콩과 팥을 심는 과정은 이 글에 나타나 있지 않습니다.
⑤ 콩이나 팥을 이용한 놀이 방법은 이 글에 나타나 있지 않습니다.

3 '콩 심은 데 콩 나고 팥 심은 데 팥 난다'는 자녀가 부모를 닮았다는 뜻으로 사용하고, 노력한 만큼 결과가 나왔다는 뜻으로도 사용합니다.

4 '콩 심은 데 콩 나고 팥 심은 데 팥 난다'는 모든 일은 근본에 따라 거기에 걸맞은 결과가 나타나는 것임을 비유적으로 이르는 말입니다.

어휘력 더하기 '콩 심은 데 콩 나고 팥 심은 데 팥 난다'와 비슷한 뜻의 속담에는 '배나무에 배 열리지 감 안 열린다'가 있습니다. '뜻하지 않은 일이 우연히 잘 들어맞았다.'는 뜻을 지닌 속담은 '가는 날이 장날'입니다.

5 '생김새'는 '생긴 모양새.'라는 뜻의 말이므로 '사람의 생긴 모양.'을 뜻하는 '모습'과 바꾸어 쓸 수 있습니다.

알쏭달쏭 맞춤법 *맞춤법에 맞게 쓴 낱말에 ○표 하세요.

• 걸음이 (느린 , 늘인) 아이

[맞춤법 더하기] '느리다'는 '어떤 동작을 하는 데 걸리는 시간이 길다.'라는 뜻으로 '늘이다'로 잘못 쓰지 않도록 주의해야 해요.

정답 느린

---

120 쪽

어휘 학습

❶ 콩   ❷ 윗물
❸ 벼

121 쪽 이해 — 적용 — 심화

1 ㉠   2 ㉢   3 ㉡
4 ㉯   5 ㉮   6 ㉰
7 (2) ○

이해

1 윗사람이 잘하면 아랫사람도 따라서 잘하게 된다는 말은 '윗물이 맑아야 아랫물이 맑다'입니다.

2 모든 일은 근본에 따라 거기에 걸맞은 결과가 나타나는 것임을 비유적으로 이르는 말은 '콩 심은 데 콩 나고 팥 심은 데 팥 난다'입니다.

3 교양이 있고 수양을 쌓은 사람일수록 겸손하고 남 앞에서 자기를 내세우려 하지 않는다는 것을 비유적으로 이르는 말은 '벼 이삭은 익을수록 고개를 숙인다'입니다.

적용

4 ㉯의 문장이 '윗물이 맑아야 아랫물이 맑다'라는 말에 어울리는 상황입니다.

5 ㉮의 문장이 '벼 이삭은 익을수록 고개를 숙인다'라는 말에 어울리는 상황입니다.

6 ㉰의 문장이 '콩 심은 데 콩 나고 팥 심은 데 팥 난다'라는 말에 어울리는 상황입니다.

심화

7 준재와 엄마는 서로 닮았다는 이야기를 하고 있으므로 '콩 심은 데 콩 나고 팥 심은 데 팥 난다'라는 말이 어울립니다.

124~125 쪽

1 모차르트　　2 ⑤
3 ③　　　　　4 ②
5 (1) ○

눈에 띄는 천재 음악가

글의 종류
전기문

글의 특징
천재 음악가인 모차르트의
어린 시절에 있었던 일을 담
은 전기문입니다.

주제
어릴 때부터 눈에 띄는 음악
가였던 모차르트

---

1 이 글은 모차르트에 대한 전기문입니다.

2 이 글의 중심 내용은 모차르트가 어린 시절부터 눈에 띄는 음악가였다는 것입니다.

3 이 글에서 모차르트가 만든 노래 중에 '작은 별'이 있다는 것을 알 수 있습니다.

❷ 오답 풀이
① 모차르트의 어머니가 음악가였는지는 이 글로는 알 수 없습니다.
② 모차르트가 가깝게 지낸 사람에 대한 이야기는 나타나 있지 않습니다.
④ 모차르트가 언제부터 유명해졌는지를 이 글로는 알 수 없습니다.
⑤ 모차르트의 노래 중에 가장 많이 알려진 노래가 무엇인지를 이 글로는 알 수 없습니다.

4 '자주'는 '같은 일을 잇따라 잦게.'라는 뜻의 말입니다. ②에는 어울리지 않습니다.

5 '눈에 띄다'는 '두드러지게 드러나다.'라는 뜻을 지닌 관용어입니다.

어휘력 더하기 '띄다'와 헷갈리는 말로 '띠다'가 있습니다. '띠다'는 '가지다, 지니다.'의 뜻으로 그 쓰임이 다릅니다. ⑩ 어린이가 눈에 <u>띄는</u> 춤을 추었다. / 그녀가 얼굴에 살짝 미소를 <u>띠었다</u>.

알쏭달쏭 맞춤법　*맞춤법에 맞게 쓴 낱말에 ○표 하세요.

• 약을 (다려요 , 달여요).
[맞춤법 더하기] '다리다'는 '옷이나 천의 구겨진 곳을 펴다.'이고, '달이다'는 '물에 든 것이 진하게 되도록 끓이다.'이므로 각각의 뜻에 따라 잘 구별해서 써야 해요.

정답 달여요

---

126 쪽
❶ 눈　　❷ 깜짝
❸ 불

127 쪽　이해　적용　심화

1 ㉮　2 ㉲　3 ㉯
4 눈　5 불　6 깜짝
7 (1) ○

어휘학습

[이해]

1 '눈에 띄다'는 '두드러지게 드러나다.'라는 뜻입니다.

2 '눈에 불을 켜다'는 '몹시 욕심을 내거나 관심을 기울이다.'라는 뜻입니다.

3 '눈도 깜짝 안 하다'는 '조금도 놀라지 않고 태연하다.'라는 뜻입니다.

[적용]

4 '두드러지게 드러나다.'라는 뜻의 '눈에 띄다'가 어울리는 상황이므로 빈칸에 들어갈 말은 '눈'입니다.

5 '몹시 욕심을 내거나 관심을 기울이다.'라는 뜻의 '눈에 불을 켜다'가 어울리므로 빈칸에 들어갈 말은 '불'입니다.

6 '조금도 놀라지 않고 태연하다.'라는 뜻의 '눈도 깜짝 안 하다'가 어울리는 상황이므로 빈칸에 들어갈 말은 '깜짝'입니다.

[심화]

7 6반에 새로 전학 온 친구가 잘생기고, 키도 크고 축구도 잘한다고 하였습니다. 따라서 '두드러지게 드러나다.'라는 뜻의 '눈에 띄다'가 이 상황에 어울리는 관용어입니다.

1 제인 구달   2 ③
3 (2) ○   4 ⑤
5 (2) ○

소중하게 생각하는 마음을 가슴에 새겨요

글의 종류
영화 감상문

글의 특징
영화 『제인 구달』을 보고 쓴 영화 감상문입니다.

주제
환경을 보호하기 위해 노력하는 제인 구달 박사를 본받아야겠음.

1 이 글은 침팬지를 연구하고 환경을 보호하기 위해 노력한 제인 구달 박사에 대한 영화를 보고 쓴 글입니다.

2 제인 구달 박사는 침팬지가 사람처럼 도구를 사용한다는 것을 최초로 알아내었습니다.

　✔ 오답 풀이
① 이 글에서 침팬지의 성격은 알 수 없습니다.
② 침팬지가 먹는 음식은 이 글에 나타나 있지 않습니다.
④ 침팬지가 혼자 있는 것을 좋아한다는 내용은 이 글에 나타나 있지 않습니다.
⑤ 제인 구달 박사는 침팬지들 사이에 직접 들어가서 그들과 친구가 되었습니다.

3 제인 구달 박사는 침팬지가 사람처럼 도구를 사용한다는 사실을 발견한 사람으로, 로운이의 말은 알맞지 않습니다.

4 '최초'는 '맨 처음.'이라는 뜻을 지니고 있으므로 '시간적으로나 순서상으로 맨 앞.'을 뜻하는 '처음'과 바꾸어 쓸 수 있습니다.

5 ㉡에는 '잊지 않게 단단히 마음에 기억하다.'라는 뜻의 말인 '가슴에 새기다'가 들어가야 합니다.

> **어휘력 더하기** '가슴을 치다'는 '마음에 큰 충격을 받다.'라는 뜻의 말입니다.

> **알쏭달쏭 맞춤법** ＊맞춤법에 맞게 쓴 낱말에 ○표 하세요.
>
> • 배추를 소금에 (절여요 , 저려요).
>
> [맞춤법 더하기] '절이다'는 '채소에 소금이 스며들게 하다.'이고, '저리다'는 '뼈나 몸이 오래 눌려서 느낌이 적다.'이므로 각각의 뜻에 따라 잘 구별해서 써야 해요.
>
> **정답** 절여요

---

❶ 가슴   ❷ 가슴
❸ 가슴

1 ㉡   2 ㉢   3 ㉠
4 ○   5 ✕   6 ○
7 (1) ○

어휘 학습

이해

1 '가슴을 펴다'의 뜻은 '굽힐 것 없이 당당하다.'입니다.

2 '가슴에 새기다'의 뜻은 '잊지 않게 단단히 마음에 기억하다.'입니다.

3 '가슴을 태우다'의 뜻은 '몹시 애태우다.'입니다.

적용

4 '가슴에 새기다'는 '잊지 않게 단단히 마음에 기억하다.'를 뜻하므로, 바르게 쓰였습니다.

5 '가슴을 펴다'는 '굽힐 것 없이 당당하다.'를 뜻하므로, 바르지 않게 쓰였습니다.

6 '가슴을 태우다'는 '몹시 애태우다.'를 뜻하므로, 바르게 쓰였습니다.

심화

7 나라가 어려움에 처했을 때 힘을 합해 나라를 지킨 선조들의 고마움을 잊지 말아야겠다고 이야기하고 있습니다. 따라서 '잊지 않게 단단히 마음에 기억하다.'라는 뜻의 '가슴에 새기다'가 어울리는 관용어입니다.

> **어휘력 더하기** '간도 쓸개도 없다'는 '용기나 줏대 없이 남에게 굽히다.'라는 뜻의 관용어입니다.

132~133 쪽

1 발   2 ④

3 (1) ④ (2) ⑦   4 ⑦

5 ⑤

발 벗고 나서서 도와주 는 사람들

글의 종류
설명하는 글

글의 특징
도움이 필요한 곳이 있으면 발 벗고 나서서 도와주는 열 린의사회와 중앙119구조본부 에 대하여 설명하는 글입니 다.

주제
도움이 필요한 곳이 있으면 발 벗고 나서서 도와주는 열 린의사회와 중앙119구조본부

1 이 글은 도움이 필요한 곳이 있으면 발 벗고 나서서 도와주는 사람들에 대한 이야기이므 로 제목의 빈칸에는 '발'이 들어가는 것이 알맞습니다.

2 글쓴이는 발 벗고 나서서 도와주는 열린의사회와 중앙119구조본부에서 일하는 사람들에 대하여 알려 주려고 이 글을 썼습니다.

❤ **오답 풀이**

① 근처에 병원이 없는 곳을 알려 주는 글은 아닙니다.

② 이 글에서 열린의사회에서 봉사 활동을 하는 방법은 알 수 없습니다.

③ 이 글에서 중앙119구조본부 구조대원이 되는 방법은 알 수 없습니다.

⑤ 열린의사회나 중앙119구조본부에서 일하는 사람들이 목숨을 잃기도 한다는 내용이 있지만, 그곳에서 일하는 것이 위험하다는 것을 알려 주기 위하여 쓴 글은 아닙니다.

3 열린의사회는 가난하거나 주변에 도움을 주는 사람이 없어 병에 걸려도 치료를 받지 못하 는 사람들을 도와줍니다. 중앙119구조본부는 사고가 났을 때 사람들을 구하거나 위험에 빠진 사람을 구하는 일을 합니다.

4 '발 벗고 나서다'는 '적극적으로 나서다.'라는 뜻의 말입니다.

  어휘력 더하기 '조금도 일을 하려 하지 않다.'라는 뜻의 말은 '손끝 하나 까딱 안 하다'입니다.

5 ⓒ'감사'는 '고맙게 여김. 또는 그런 마음.'을 뜻하는 말이므로 '고맙게 여기는 마음이나 느 낌.'이라는 뜻의 '고마움'과 바꾸어 쓸 수 있습니다.

  어휘력 더하기 ① '감기'는 '주로 바이러스로 말미암아 걸리는 호흡 계통의 병.'을 뜻하는 말입니다. ② '감시'는 '단속하기 위하여 주의 깊게 살핌.'을 뜻하는 말입니다. ③ '감동'은 '크게 느끼어 마음이 움직임.'을 뜻하는 말입니 다. ④ '사고'는 '뜻밖에 일어난 불행한 일.'을 뜻하는 말입니다.

┌──┐

알쏭달쏭 맞춤법 * 맞춤법에 맞게 쓴 낱말에 ○표 하세요.

• 혼날까 봐 마음을 (조렸어요 , 졸였어요).

  [맞춤법 더하기] '조리다'는 '생선 등을 국물에 넣고 바짝 끓이다.'이고, '졸이다'는 '몹시 불안해서 조마조마 하다.'이므로 각각의 뜻에 따라 잘 구별해서 써야 해요.

  정답 졸였어요

└──┘

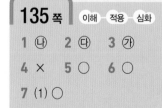

134 쪽

❶ 발   ❷ 발

❸ 발

135 쪽 이해 적용 심화

1 ④   2 ④   3 ⑦

4 ×   5 ○   6 ○

7 (1) ○

이해

1 '발을 빼다'는 '어떤 일에서 관계를 완전히 끊고 물러나다.'라는 뜻입니다.

2 '발이 넓다'는 '사귀어 아는 사람이 많아 활동하는 범위가 넓다.'라는 뜻입니다.

3 '발 벗고 나서다'는 '적극적으로 나서다.'라는 뜻입니다.

적용

4 '발이 넓다'는 '사귀어 아는 사람이 많아 활동하는 범위가 넓다.'를 뜻하므로, 바르지 않게 쓰였습니다.

5 '발 벗고 나서다'는 '적극적으로 나서다.'를 뜻하므로, 바르게 쓰였습니다.

6 '발을 빼다'는 '어떤 일에서 관계를 완전히 끊고 물러나다.'를 뜻하므로, 바르게 쓰였습니다.

심화

7 민수와 재윤이는 무거운 짐을 들고 길을 가시는 할머니를 도와드리려고 합니다. 따라서 '적극적으로 나서다.'라는 뜻의 '발 벗고 나서다'가 어울리는 관용어입니다.

  어휘력 더하기 '엎친 데 덮치다'는 '어렵거나 나쁜 일이 겹치어 일어나다.'라는 뜻의 관용어입니다.

1 토끼   2 ④
3 ①   4 ⑤   5 ⑤

귀가 얇아 속아 넘어간 호랑이

글의 종류
이야기

글의 특징
귀가 얇아 토끼의 꾀에 속아 넘어가 결국 사람들에게 잡히게 된 호랑이의 이야기입니다.

주제
자기 생각 없이 남의 말을 쉽게 받아들이면 안 됨.

1 이 글의 중심인물은 토끼와 호랑이입니다.

2 귀가 얇아 토끼에게 속고 결국 사람들에게 잡히게 된 호랑이의 이야기를 통해 자기 생각 없이 남의 말을 쉽게 받아들이면 안 된다는 주제를 알 수 있습니다.

3 호랑이는 결국 토끼를 잡아먹지 못하고 사람들에게 잡히고 말았습니다.

✔ **오답 풀이**
② 호랑이는 꼬리가 얼어붙어서 움직이지 못하게 되었고, 아침이 되어 사람들에게 잡히게 되었습니다.
③ 호랑이는 호랑이 꼬리로 물고기를 잡아 먹자는 토끼의 말에 속아서 얼어붙은 강에 구멍을 내고 꼬리를 넣었습니다.
④ 호랑이는 토끼의 말에 속아서 떡인 줄 알고 뜨거운 돌멩이를 먹었습니다.
⑤ 호랑이는 자신의 앞으로 새를 몰아오겠다는 토끼의 말에 속아서 눈을 감았고, 토끼는 불을 질렀습니다.

4 '슬기롭지 못하고 둔하다.'는 '어리석다'의 뜻입니다.

5 호랑이는 남의 말을 쉽게 받아들였으므로 '귀가 얇다'라는 말이 어울립니다. 따라서 ㉠에는 '얇아'가 들어가야 합니다.

어휘력 더하기 '귀가 얇다'와 비슷한 말로 줏대가 없어 다른 사람이 하는 말에 잘 흔들리는 성질이나 사람을 비유적으로 이르는 말인 '팔랑귀'가 있습니다.

알쏭달쏭 맞춤법 ＊띄어쓰기에 맞게 쓴 것에 ○표 하세요.

• (노란개나리 , 노란 개나리)가 피었어요.
[맞춤법 더하기] '꾸며 주는 말'은 뒤에 오는 말을 자세하게 알려 주는 말이에요. 꾸며 주는 말은 꾸밈을 받는 말과 띄어 써야 해요.
정답 노란 개나리

138쪽

❶ 귀   ❷ 의심
❸ 못

139쪽 이해 · 적용 · 심화

1 ④   2 ④   3 ②
4 귀   5 의심   6 못
7 (1) ○

어휘 학습

이해

1 '귀가 얇다'는 '남의 말을 쉽게 받아들인다.'라는 뜻입니다.

2 '귀를 의심하다'는 '믿기 어려운 이야기를 들어 잘못 들은 것이 아닌가 생각하다.'라는 뜻입니다.

3 '귀에 못이 박히다'는 '같은 말을 여러 번 듣다.'라는 뜻입니다.

적용

4 '귀가 얇다'가 어울리므로 빈칸에 들어갈 말은 '귀'입니다.

5 '귀를 의심하다'가 어울리므로 빈칸에 들어갈 말은 '의심'입니다.

6 '귀에 못이 박히다'가 어울리므로 빈칸에 들어갈 말은 '못'입니다.

심화

7 준영이는 처음에 태권도를 배운다고 했다가 수지의 말을 듣고는 수영으로, 형식이의 말을 듣고는 축구로 바꾸었습니다. 따라서 '귀가 얇다'가 준영이의 태도에 어울리는 관용어입니다.

어휘력 더하기 '코가 높다'는 '잘난 체하고 뽐내는 기세가 있다.'라는 뜻의 관용어입니다.

자음자와 모음자의 이름

글의 종류
설명하는 글

글의 특징
자음자와 모음자의 이름에 대하여 설명하는 글입니다.

주제
자음자와 모음자의 이름

1 이 글은 '자음자와 모음자'의 이름에 대해 설명하고 있으므로 가장 중심이 되는 낱말은 '자음자'와 '모음자'입니다. '자음자'와 '모음자'의 순서는 바꾸어 써도 상관없습니다.

2 글쓴이는 자음자와 모음자의 이름을 알려 주려고 이 글을 썼습니다.

3 'ㄲ, ㄸ, ㅃ, ㅆ, ㅉ'은 자음자입니다.

✔ 오답 풀이
② 한글에는 자음자와 모음자가 있고, 글자는 자음자와 모음자로 이루어져 있습니다.
③ 모음자의 이름은 모음자에 'ㅇ'을 합한 글자와 같습니다.
④ 같은 자음자를 두 개 겹쳐서 만든 자음자는 'ㄲ, ㄸ, ㅃ, ㅆ, ㅉ'과 같은 쌍자음자입니다.
⑤ 자음자의 이름은 시작하는 낱자와 두 번째 글자의 받침이 그 자음자와 같습니다.

4 자음 'ㄷ'의 이름은 '디귿'입니다.

어법 더하기 자음자의 이름 중 '기역(ㄱ), 디귿(ㄷ), 시옷(ㅅ)'은 다른 글자의 이름과 조금 다른 모습이므로 잘 기억해 두도록 합니다. 또, '티읕(ㅌ)'을 '티긑'으로 말하지 않도록 주의합니다.

5 모음자의 이름은 모음자에 'ㅇ'을 합한 글자와 같습니다.

어법 더하기 모음자는 혼자서도 소리를 낼 수 있지만, 자음자는 모음자와 함께 쓰이지 않으면 소리를 낼 수 없습니다.

알쏭달쏭 맞춤법 * 띄어쓰기에 맞게 쓴 것에 ○표 하세요.

• 저는 (정지수 , 정 지수)입니다.
[맞춤법 더하기] 우리 이름에는 '김, 이, 박'과 같은 성이 있고, 우리를 구별하여 부르는 이름이 있어요. 성과 이름을 쓸 때에는 붙여 써요.

정답 정지수

어법 학습

이해

1 'ㅏ, ㅑ, ㅓ, ㅕ, ㅗ, ㅛ, ㅜ, ㅠ, ㅡ, ㅣ'는 모음자입니다.

2 모음자의 이름은 모음자에 'ㅇ'을 합한 글자와 같습니다.

3 'ㄱ, ㄴ, ㄷ, ㄹ, ㅁ, ㅂ, ㅅ, ㅇ, ㅈ, ㅊ, ㅋ, ㅌ, ㅍ, ㅎ'은 자음자입니다.

적용

4 (1) 'ㄱ'의 이름은 '기역'입니다. (2) 'ㅅ'의 이름은 '시옷'입니다.

5 (1) 'ㅡ'의 이름은 '으'입니다. (2) 'ㅐ'의 이름은 '얘'입니다.

6 (1) 'ㄸ'의 이름은 '쌍디귿'입니다. (2) 'ㅉ'의 이름은 '쌍지읒'입니다.

심화

7 밑줄 친 낱말인 '지구'에 쓰인 자음자는 'ㅈ, ㄱ'입니다.

받침소리

글의 종류
설명하는 글

글의 특징
한 소리마디의 맨 나중에 나는 소리인 받침소리에 대해 설명하는 글입니다.

주제
받침소리

---

1 이 글은 받침으로 쓰여 한 소리마디의 맨 나중에 나는 소리인 '받침소리'에 대해 설명하는 글입니다.

2 '무'와 '물' 모두 모음자 'ㅜ'가 쓰였습니다.

> ✔ **오답 풀이**
> ① '무'와 '물'은 뜻이 다른 낱말입니다.
> ② '무'와 '물'을 소리 내서 말해 보면 다른 소리가 난다는 것을 알 수 있습니다.
> ③ 생김새가 비슷하지만 조금 다릅니다.
> ⑤ '무'는 받침이 없는 글자이지만, '물'에는 'ㄹ' 받침이 있습니다.

3 받침이 없는 글자의 아래쪽에 자음자를 붙여야 받침이 되므로, 모음자는 받침으로 쓰일 수 없습니다. 또, 글자 그대로 소리가 나지 않는 받침을 쓰지 않아야 하는 것은 아닙니다.

4 'ㅌ'은 [ㄷ]으로 바뀌어 소리가 납니다.

> **어법 더하기** 'ㄴ, ㄹ, ㅁ, ㅇ'은 받침에서 글자 그대로 소리 나는 글자입니다. ⑩ 반[반], 달[달], 밤[밤], 공[공]

5 'ㅍ'은 [ㅂ]으로 바뀌어 소리가 납니다. 따라서 [숩]이라고 소리가 납니다.

알쏭달쏭 맞춤법 * 띄어쓰기에 맞게 쓴 것에 ○표 하세요.

• (그래?같이 , 그래? 같이) 가자!

[맞춤법 더하기] 부르는 말이나 대답하는 말 뒤에 주로 쓰는 쉼표(,)나 문장의 끝에 쓰는 마침표(.), 물음표(?), 느낌표(!)와 같은 문장 부호 뒤에 오는 말은 띄어 써야 해요.

정답 그래? 같이

어법 학습

이해

1 '방'의 받침 'ㅇ'은 그대로 [ㅇ]으로 소리가 납니다.

2 '밭'의 받침 'ㅌ'은 [ㄷ]으로 변하여 [받]으로 소리 납니다.

3 '발'의 받침 'ㄹ'은 그대로 [ㄹ]로 소리가 납니다.

적용

4 받침 'ㄷ'은 그대로 [ㄷ]으로 소리가 납니다. 따라서 [곧]이라고 소리가 납니다.

5 받침 'ㅌ'은 [ㄷ]으로 바뀌어 소리가 납니다. 따라서 [끋]이라고 소리가 납니다.

6 받침 'ㅅ'은 [ㄷ]으로 바뀌어 소리가 납니다. 따라서 [옫]이라고 소리가 납니다.

심화

7 '가족'은 글자 그대로 [가족]으로 소리가 나고, '봄꽃'은 받침 'ㅊ'이 [ㄷ]으로 바뀌어 소리가 나므로 [봄꼳]으로 소리가 납니다.

문장의 시간 표현

글의 종류
설명하는 글

글의 특징
문장에서 시간의 흐름을 나타내는 표현 방법을 설명하는 글입니다.

주제
문장에서 시간의 흐름을 나타내는 방법

---

1 이 글은 문장의 시간 표현 방법을 설명한 글입니다. 따라서 빈칸에 들어갈 낱말은 '시간'입니다.

2 이 글은 지나간 때, 지금 이 시간, 앞으로 올 때를 나타내는 시간 표현에 대해서 설명하고 있습니다.

　❷ 오답 풀이
　③ 두 번째 문단에서 지나간 때에 일어나는 일을 나타내는 시간 표현에 대하여 설명하고 있습니다.
　④ 네 번째 문단에서 앞으로 올 때에 일어나는 일을 나타내는 시간 표현에 대하여 설명하고 있습니다.
　⑤ 세 번째 문단에서 지금 이 시간에 일어나는 일을 나타내는 시간 표현에 대하여 설명하고 있습니다.

3 '나는 어제 짜장면을 먹었다.'는 '어제'와 '먹었다'로 지나간 때에 일어난 일임을 알 수 있습니다. '나는 지금 짜장면을 먹는다.'는 '지금'과 '먹는다'로 지금 이 시간에 일어나는 일임을 알 수 있습니다. '나는 내일 짜장면을 먹겠다.'는 '내일'과 '먹겠다'를 통해 앞으로 올 때에 일어날 일임을 알 수 있습니다.

4 '-겠-'은 앞으로 올 때에 일어나는 일을 나타내는 시간 표현입니다.

　❷ 오답 풀이
　'읽었다', '있었다', '보았다', '만났었다'는 모두 지나간 때를 나타내는 시간 표현입니다.

5 '어제'는 지나간 때이므로 '보았다'가 어울립니다.

> **어법 더하기**　'본다'는 지금 이 시간에 일어나는 일을, '보겠다'는 앞으로 일어날 일을 나타내는 표현입니다.

> **알쏭달쏭 맞춤법**　＊띄어쓰기에 맞게 쓴 것에 ○표 하세요.
>
> • 호랑이는 (새끼를낳아요 , 새끼를 낳아요).
> [맞춤법 더하기] '은/는', '이/가', '을/를', '과/와'와 같은 말은 앞말에 붙여 쓰고, 뒤에 오는 말과 띄어 써야 해요.
>
> **정답** 새끼를 낳아요

어법 학습

이해

1 '어제'는 지나간 때에 일어나는 일을 나타내는 시간 표현이므로 '불었다'와 어울립니다.

2 '지금'은 지금 이 시간에 일어나는 일을 나타내는 시간 표현이므로 '안 아프겠다'와 어울리지 않습니다.

3 '내일'은 앞으로 올 때에 일어나는 일을 나타내는 시간 표현이므로 '갈 것이다'와 어울립니다.

적용

4 '잘했었다'는 지나간 때에 일어나는 일을 나타내는 시간 표현입니다.

5 '지금'과 '잔다'는 지금 이 시간에 일어나는 일을 나타내는 시간 표현입니다.

6 '예쁘겠다'는 앞으로 올 때에 일어나는 일을 나타내는 시간 표현입니다.

심화

7 ㉢의 '먹을 것이다'와 ㉣의 '가야겠다'가 앞으로 올 때에 일어나는 일을 나타내는 시간 표현입니다.

> **어법 더하기**　㉠의 '앓았다'와 ㉡의 '않았다'는 지나간 때에 일어나는 일을 나타내는 시간 표현입니다.

154~155 쪽

1 문장 부호 **2** ④

3 ⑤ **4** (1) ㉮ (2) ㉯

(3) ㉯ **5** ④

문장 부호

글의 종류
설명하는 글

글의 특징
문장 부호의 종류와 쓰임에
대해 설명하는 글입니다.

주제
문장 부호의 종류와 쓰임

---

1 이 글은 문장 부호의 종류와 쓰임에 대해 설명하는 글입니다. 따라서 빈칸에는 '문장 부호'가 들어가야 합니다.

2 쉼표는 문장의 중간에 쓰는 문장 부호입니다.

✔ **오답 풀이**
① 마지막 문단에서 '!'의 이름은 느낌표라고 하였습니다.
② 네 번째 문단에서 물음표는 문장의 끝에 쓴다고 하였습니다.
③ 두 번째 문단에서 마침표라는 말 대신 '온점'이라고도 부른다고 하였습니다.
⑤ 첫 번째 문단에서 문장 부호는 문장의 뜻을 이해하기 쉽도록 도와주기 위해서 사용한다고 하였습니다.

3 물음표가 쓰인 문장을 읽을 때는 궁금한 것을 물어보는 말투로 문장의 끝을 올려서 읽어야 한다고 하였습니다.

4 (1) '느낌표(!)'는 느낌을 나타낼 때 씁니다. (2) '쉼표(,)'는 부르는 말이나 대답하는 말 뒤에 씁니다. (3) '마침표(.)'는 설명하는 문장의 끝에 씁니다.

5 희민이는 예린이에게 어디에 가는지 물어보고 있으므로, 빈칸에 들어갈 문장 부호는 '물음표(?)'입니다.

어법 더하기 ⑤ 문장 부호의 이름은 말줄임표입니다. 말줄임표는 할 말을 줄였을 때나 말이 없음을 나타낼 때에 쓰거나 문장이나 글의 일부를 생략할 때, 머뭇거림을 보일 때 사용합니다.

알쏭달쏭 맞춤법 *띄어쓰기에 맞게 쓴 것에 ○표 하세요.

• (이주은박사 , 이주은 박사)를 소개해요.
[맞춤법 더하기] '님', '씨', '양', '군'처럼 호칭을 나타내는 말, '선생님', '의사', '장군'처럼 직업을 나타내는 말, '사장', '과장'처럼 직급을 나타내는 말은 앞말과 띄어 써야 해요.

정답 이주은 박사

---

156 쪽

② !(느낌표)

157 쪽 이해 · 적용 · 심화

1 × **2** ○ **3** ○

4 ? **5** , **6** .

7 (1) ? (2) !

이해

1 한 문장이 끝난 것이므로 '쉼표(,)'가 아니라 '마침표(.)'를 써야 합니다.

2 느낌을 표현하고 있으므로 '느낌표(!)'가 바르게 쓰였습니다.

3 낱말들을 늘어놓을 때 썼으므로 '쉼표(,)'가 바르게 쓰였습니다.

적용

4 효진이에게 학교가 끝난 후 집에 같이 가자고 물어보고 있으므로, '마침표(.)'가 아니라 '물음표(?)'를 써야 합니다.

5 낱말들을 늘어놓고 있으므로 '마침표(.)'가 아니라 '쉼표(,)'를 써야 합니다.

6 '오늘은 선생님과 교실 청소를 하기로 약속한 날이다.'라는 문장은 묻는 것이 아니므로 '물음표(?)'가 아니라, 문장이 끝났음을 표시하는 '마침표(.)'를 써야 합니다.

심화

7 선생님이 정윤이에게 묻고 있으므로 ㉠에는 '?'가 들어가는 것이 알맞습니다. ㉡에는 선생님이 신나게 주말을 보내고 온 정윤이의 말을 듣고 감탄하고 있으므로 '!'가 들어가는 것이 알맞습니다.

동아출판

실수를 줄이는 한 끗 차이!

빈틈없는 연산서

· 교과서 전단원 연산 구성   · 하루 4쪽, 4단계 학습   · 실수 방지 팁 제공

수학의 기본

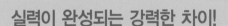

실력이 완성되는 강력한 차이!

새로워진 유형서

· 기본부터 응용까지 모든 유형 구성
· 대표 예제로 유형 해결 방법 학습
· 서술형 강화책 제공

개념 이해가 실력의 차이!

대체불가 개념서

· 교과서 개념 시각화 구성
· 수학익힘 교과서 완벽 학습
· 기본 강화책 제공

정답과 해설

빠작

초등 국어 **어휘**x**독해**

믿고 보는 동아출판
초등 교재

기초학습서부터 교과서 개념 다지기, 과목별 전문서까지!
초등학교 입학 전부터, 예비 중등까지!
초등학생에게 꼭 필요한 영역을 빠짐없이! **동아출판 초등 교재 라인업**

BEST

초능력
맞춤법 + 받아쓰기

2022 개정
교육과정

초등 국어
1·2

쉽고 빠른
맞춤법 학습

받아쓰기
단계별 연습

국어 교과서
어휘 학습

초등 영역별 기초학습서
초능력 국어 / 수학 / 과학 / 한국사 / 한자

초능력
비주얼씽킹 과학

초능력
비주얼씽킹 초등 한국사

초능력
수학 연산

초능력
국어 독해

초능력
급수 한자

초고필
비문학 독해1

5-6학년
예비 중등

초고필
지금 우리수의
사칙연산

초고필
지금 국어 문법을
해야 할 때

초고필
지금 국어 어휘
를 해야 할 때

초등 반편성
배치고사
+진단평가

초고필
지금 한국사
를 해야 할 때

예비 중등
초고필 국어 / 수학 / 한국사
적중 반편성 배치고사 + 진단평가